Jean Allouch

A psicanálise: uma erotologia de passagem

Tradução
Sandra Regina Felgueiras

Jean Allouch

A psicanálise: uma erotologia de passagem

TRADUÇÃO
SANDRA REGINA FELGUEIRAS

Editor
José Nazar

Companhia de Freud

EDITORAÇÃO ELETRÔNICA
Mariana Blanc
EDITOR RESPONSÁVEL
José Nazar

Imagem da capa: "Goldfish", de Gustav Klimt.
Rio de Janeiro, 2010.

FICHA CATALOGRÁFICA:

CIP-BRASIL. CATALOGA SINDICATO NACIONAL DOS EDITORES DE LIVROS, RJ
A438s

Allouch, Jean
A Psicanálise: uma erotologia de passagem / Jean Allouch; tradução Sandra Regina Felgueiras – Rio de Janeiro; Companhia de Freud, 2010 :

Tradução de : La psychanaluse: une érotologie de passage
Inclui bibliografia / Índice
ISBN 978-85-7724-080-7

1. Psicanálise. 2. passagem. 3. amor (psicologia). 4.erótico. 5. psicanálise I título

07-3219. CDD: 150.195
CDU: 159.964.2
02.04.2010 02.04.2010 003238

Companhia de Freud

editora
Rua Barão de Sertório, 48 - casa
Tel.: (21) 2273-9357 • (21) 2293-5863
Rio Comprido - Rio de Janeiro
www.ciadefreud.com.br • ciadefreud@gmail.com

SUMÁRIO

ENVIO

"A psicanálise; uma erotologia para o esquecimento", era esse o título anunciado para um seminário nos dias 25, 26 e 27 de outubro de 1997 em Córdoba (Argentina). Será encontrada aqui uma transcrição triplamente infiel. Com efeito, ela foi revista posteriormente, comporta certas análises que, sobretudo pelo cuidado de deixar lugar para o debate, não puderam ser apresentadas oralmente (como acontece com a leitura da invenção por Lacan do objeto *a*, colocada aqui como segunda sessão e suplementada com um texto que veio de uma primeira sessão do seminário "Eros de cabeça para baixo", realizada em Paris em 13 de janeiro de 1998).

Não tendo sido o programa integralmente realizado, particularmente em verdade, isto é, no lugar em que a verdade devia ser apresentada como falicamente erguida contra o esquecimento (seu nome de *alheteia* diz bem que ela priva de *lethe*, de esquecimento), tornou-se oportuno encontrar um outro título para a publicação. *A psicanálise: uma erotologia de passagem* pareceu um bom título de abertura, pois não escamoteia essa "opacidade sexual" a propósito da qual Lacan declarava, ainda mais porque chegava ao fim de seu trilhamento, em 13 de janeiro de 1976, que tudo, a partir dela, devia ser retomado do princípio. Proferir os substantivos "homem" e "mulher", falar da "diferença sexual", mencionar uma "bissexualidade" já parece, com efeito, resolver, ilusoriamente, o problema erotológico de que se pretende tratar. Lacan (*Les non-dupes errent*, sessão de 15 de janeiro de 1973):

> [...] o homem não é a mulher. Nem mesmo Aristóteles ousou chiar. Como ele faria? Dizer "Nenhum homem é mulher" [*Aucun homme n'est femme*][*]? Teria sido muito audacioso, sobretudo na sua época! Então, ele não o fez. Se ele tivesse dito "Nem todo homem é mulher" [*Tout homme n'est pas femme*]? Vejam vocês o sentido que isso toma, o de uma exceção; há alguns que não o são. É como todo que ele não é mulher. ∀, aí, o A do quantificador, ∀ de *x, um ponto, e y, barrado*: ∀*x.y*. Só que o chato é que de jeito nenhum é verdade – e isso salta aos olhos.

A psicanálise freudiana é uma erotologia. Esse estatuto a separa de uma ética na qual se tenta hoje, por diversos vieses, fazê-la cair. Em *A etificação da psicanálise* creio ter mostrado – por absurdo – que essa psicanálise não é uma ética. Assim, o presente opúsculo, suplemento do precedente, indica, desta vez positivamente, o que ela é.

Sobre a erotologia analítica, Freud, mais uma vez, inaugura. Lê-se, em meio do seminário *A ética da psicanálise* de Lacan, o seguinte:

> Temos que explorar o que, ao longo dos tempos, o ser humano foi capaz de elaborar que transgredisse essa Lei [*aquela que nos faz desmedidamente pecadores, diz o contexto*], que o colocasse numa relação com o desejo que ultrapassasse esse laço de interdição e introduzisse, acima da moral, uma erótica. [...] Decerto, falando de erótica, temos que falar do que se fomentou, ao longo dos tempos, de regras do amor.
>
> Freud diz em algum lugar que poderia ter falado de sua doutrina como uma erótica, mas, diz ele, não o fiz porque isso teria sido ceder nas palavras e quem cede nas palavras cede nas coisas – eu falei de teoria da sexualidade. É verdade, Freud colocou no primeiro plano da interrogação ética a relação simples entre homem e mulher. Coisa bastante singular, as coisas não fizeram mais do que ficar no mesmo ponto.
> Sessão de 23 de dezembro de 1959, Seuil, pp. 101-102.

Curiosa dança de lugares entre Lacan e Freud, já que Lacan, naquele ano e nos seguintes, reivindica explicitamente para a psicanálise de Freud

* Nessa citação, colocamos as frases em francês pela enorme dificuldade de encontrar uma correspondente expressão na língua portuguesa. Por exemplo, "todo homem" corresponde, em termos de sentido, a "nenhum homem"; em português (quando digo que "todo homem não é mulher", isso supostamente equivaleria, em termos de tradução, a "nenhum homem é mulher") – e há muitas outras variações com as quais Lacan joga.

esse nome de erótica, em vez do qual Freud (segundo Lacan) pensava que a expressão "teoria da sexualidade" era mais conveniente, pois cedia menos no que se refere à coisa sexual.

O contrário, ainda hoje, é verdadeiro. Inclusive no reconhecimento de que esse "verdadeiro" é também um negócio de erótica.

PRIMEIRA SESSÃO, MANHÃ DE SÁBADO

A tese que, durante esses três dias de seminário, quero submeter a vocês, discutir com vocês, ao menos cuja possibilidade me proponho a fazê-los entender, e até mesmo "ser admitida na crença de vocês", como tão lindamente Descartes dizia, para daí tirar, na relação de vocês com a psicanálise, ao menos algumas de suas consequências decisivas, essa tese é simples de formular. Ela diz o estatuto da psicanálise no campo senão da ciência, em todo caso no da racionalidade; ela é, portanto, uma tese maior. A psicanálise, digo eu, é uma erotologia. Acrescentemos logo duas palavras, o que dá essa outra tese vizinha: a psicanálise é uma erotologia feita meio. Ou ainda: de passagem.

Os protagonistas

Ao escutar a formulação primeira dessa tese, com certeza vocês ouviram o "digo", que, claro, não pretendo erradicar, descartar da tese como um elemento sem importância, uma espécie de ruído que só poderia prejudicar o enunciado rigoroso da tese, seu estudo, sua validação. Muito pelo contrário: se a tese é uma tese e se é esta, singular, então algo como "digo" é exigível. Com efeito, não se vê como uma erotologia poderia ser dita e, pois, eros ser convocado de uma maneira "acéfala", sem a presença do corpo, a começar pela da voz que pronuncia a convocação.

Ser essencial nem por isso implica que esse "digo" seja um representante exatamente apropriado dessa tese, que não é apenas uma tese sobre eros, pois tem um teor erótico, faz parte de uma certa manobra de eros. De fato, esse "digo" não convém exatamente, primeiro porque não fui o primeiro a dizer essa tese. O primeiro foi Lacan: primeiro depois de Freud, é claro (cf., aqui mesmo, o envio). Lacan em 1962-63, enquanto estudava a angústia, enquanto inventava, em um momento identificável quase nos segundos, o objeto *a*, no momento mesmo em que se passavam, na França, alguns acontecimentos não desprezíveis para nosso propósito. Assim, é exigível um outro enunciado da tese, que opera uma mudança de pessoa gramatical e de tempo: a psicanálise, disse ele, é uma erotologia.

Esse "disse ele" não é exatamente o de Marguerite Duras, o de *Destruir, diz ela*. Sabem que ela tinha intitulado seu texto simplesmente *Destruir*? E que foi um outro autor, Robbe-Grillet, então leitor nas edições Minuit, que teria acrescentado o "diz ela"? O que é visto como pura Duras foi uma invenção de um outro! À diferença desse "diz" durasseano, o da tese está no passado.

Certamente vocês querem as referências precisas. Vou dá-las ainda mais de boa vontade porque esse gesto, posso imaginar, podem crer, me põe ao abrigo, ou no abrigo, no abrigo de Lacan. Enfim... à primeira vista. Pois o aluno, o que tento ser, o aluno que é um aluno, o aluno é alguém que questiona, que, questionando, não está mais ao abrigo do que o mestre a quem ele questiona e que, por suas questões, sai de seu abrigo – se é que o mestre alguma vez teve abrigo, por exemplo aquele que lhe dá Hegel por ter, ele, o mestre, corrido o risco de morte. Entretanto, essa correção de Hegel se impõe, pois não se pode mais ignorar os trabalhos recentes sobre o estatuto de eros, sobre seu exercício, sua função desde a Grécia arcaica até a decadência romana, trabalhos que atestam que, quando se trata de eros, o mestre não está mais ao abrigo[1]. O que equivale a dizer que, embora vencedor do escravo, ele nunca foi mestre, porque nunca se viu um mestre, por ser mestre, ficar fora do alcance das flechas de eros.

1 Não sem lógica, a Revolução Francesa aboliu a escravatura: ao decapitar o rei, ela punha fim não tanto a uma realeza (bem longe, hoje em dia, com suas princesas, de ter desaparecido) quanto ao rei como soberano, isto é, como mestre. Foi uma tentativa bem-sucedida de acabar com uma dominância do mestre que durava desde a noite grega dos tempos. Ela produzirá, portanto, um mestre, o que Lacan confirmava, provocando os revolucionários de 1968: "É um mestre que vocês querem!". Esse querer em si mesmo assinala que não há mais mestre. Cf. Antoine Baecque, *Le corps de l'histoire*, Paris, Calmann-Lévy, 1993.

Vocês notem que citar de cara Lacan implica uma relação erótica com ele, uma relação que inclui vocês também. Que, portanto, esse gesto instaura um jogo fino com vários participantes. Com efeito, tornou-se preferível chamar o que se instala assim a pelo menos três de "jogo fino" a chamá-lo de "transferência". E, aliás, a teoria da transferência forjada por Lacan nos impele também a fazer essa diferença e dar esse passo/não tangencial [*pas de cotê*]*. Com efeito, colocando em operação essa definição wittgensteiniana do aluno à qual há pouco me referi, questionando Lacan, não suponho um saber a Lacan, não estou em transferência com Lacan (menos ainda sob domínio desse monstro que Lacan durante certo tempo colocou em circulação e que ele chama de "transferência de trabalho"). A transferência é, ao contrário, essa suposição de um saber na medida em que impede (é a palavra exata, cf. *A angústia*) de levantar questões.

É assim, portanto, que, em nome da legítima exigência de vocês, faço perguntas a ele, citando-o. Que, consequentemente, sou levado a precisar que o faço como aluno. O que isso quer dizer? Que na minha relação erótica com Lacan não houve essa pedagogia amorosa, que estudaremos depois de amanhã, aquela que, à moda antiga, teria acabado por fazer de mim um mestre, um *eraste*, depois que Lacan me tivesse tomado, sendo ele *eraste*, como *erômeno*. Durante certo tempo, vocês sabem, Lacan fez esses termos jogarem no nível do par analisando/analista. Ora, contrariamente a essa dupla identificação, no nosso encontro os dois pares mestre/aluno e analisando/analista se verificaram cada dia mais não-superponíveis. Foi assim que nenhuma báscula sobreveio, entre mim e Lacan, quanto ao par mestre/aluno. Além do mais, esta última disparidade sempre se acentuou mais à medida que minha leitura de Lacan se esburacava, ou esburacava Lacan.

Produzir essas citações de Lacan equivale, de cara, a colocá-lo em questão, na chapa quente. E isso diante e com cada um de vocês, cúmplices ativos, estejam vocês céticos, irritados, pouco confiantes, em guarda, já escandalizados, rebeldes, ou, ao contrário, aprovem antecipadamente, em ato, esse ato mais para o malvado com relação a Lacan – como, aliás, é necessariamente

* Mais adiante, Allouch vai jogar com essa construção em francês. Traduziremos sistematicamente *de côté* por "de través" e *à côté* por "tangencial" "pela tangente", etc. Também jogará com o *equívoco* do *pas* em francês, que tanto pode ser traduzido por "passo" como por "não". Manteremos no texto as duas traduções possíveis. (NT)

malvada, para o sistema egoico "do prazer", toda leitura um pouquinho sustentada. Nada resiste, observava Thomas Bernhard, a uma tal leitura. Peguem a mais bela sinfonia, o mais belo quadro, o mais maravilhoso romance e até o mais belo poema, estudem-no detalhadamente, ele desabará, deixando nas mãos de vocês apenas notas, impurezas, letras esparsas.

As referências

Eis aqui, pois, o que Lacan dizia em 1962-63, primeiro em 14 de novembro de 1962:

Não tomei esse caminho dogmático de fazer que uma teoria geral dos afetos precedesse o que tenho a lhes dizer da angústia. Por quê? Porque aqui não somos psicólogos; somos psicanalistas. Não desenvolvo para vocês uma psicologia [psicose, *escreve a estenotipista*] direta, lógica, um discurso dessa realidade irreal que se chama "psique", mas uma práxis que merece um nome: erotologia[2].

Essa marcação já tinha sido formulada três anos antes no seminário *A ética da psicanálise*. Além disso, a prova de que não se trata de uma declaração isolada, da qual não seria preciso exigir muito (como frequentemente é o caso em Lacan, daí a dificuldade de citá-lo corretamente), é todo o seminário daquele ano. Vamos dar aqui um pequeno traço: o sadismo e o masoquismo nele são apresentados sem a omissão habitual, a seu propósito, de que Deus está na jogada[3].

Dois meses depois, encontramos em *A angústia* uma segunda referência à erotologia. Em 27 de fevereiro de 1963, Lacan introduz as coisas dizendo o seguinte, que vale como um certo ponto de partida:

> **Peguemos as coisas pelo viés, pela entrada definida por essa palavra que tem um sentido, presente na época mesma em que vivemos, o erotismo[4].**

---

2 J. Lacan, *L'angoisse*, sessão de 14 de novembro de 1962 [O autor utiliza, aqui, a transcrição do seminário feita por alunos de Lacan e não a publicação "oficial"; nas citações a seguir, quando for o caso, continuaremos a respeitar a transcrição mencionada pelo autor, mesmo que já tenhamos acesso à publicação oficial. (NT)].

3 O artigo "Kant com Sade", publicado na mesma época, está, portanto, completamente caduco, a partir de sua própria produção pública, o que, mais uma vez, confirma o alcance real do termo "publixação".

4 *Ibid.*, sessão de 27 de fevereiro de 1963. Alguns anos depois, Lacan registra que uma virada ocorreu na erotologia: "Há algo cuja incidência eu queria apontar, porque é o viés de um momento que é o que vivemos

O que é que, nessa época, presentificava o erotismo? É difícil não convocar imediatamente Georges Bataille, Pierre Klossowski, mas também alguns pintores, especialmente Balthus (sem dizer aqui do gesto, recebido como inaugural, de um Courbet, ao elevar a quadro o sexo de uma mulher). Os primeiros escritos eróticos de Bataille são dos anos vinte (como *Histoire de l'oeil*) e suas conferências sobre o erotismo são contemporâneas do "Relatório de Roma". Quanto a Klossowski, tanto *Les lois de l'hospitalité* quanto *Le baphomet* foram publicados em 1965. Mas os textos reunidos em *Les lois...* são anteriores. *Robert ce soir* é de 1954, *La révocation de l'édit de Nantes*, de 1959. Se a palavra "erotismo", no início dos anos sessenta, se espalha pela França, por todos os lugares, isso é incontestavelmente devido a esses autores e artistas, aos quais é preciso acrescentar o trabalho editorial e censurado de Jean-Jacques Pauvert sobre Sartre. Acrescentemos que Lacan vai morar com Sylvia Bataille, que uma filha de Georges, Laurence, foi membro de sua escola. Sabe-se também que o texto de Lacan sobre Sade devia ser publicado como prefácio de *A filosofia na alcova*. Mas, justamente, como a distância ajuda, decerto deve-se colocar o aborto desse projeto[5] na conta de um fracasso mais global, o da implantação na época, na França, de uma erotologia. Fracasso, evidentemente, de ninguém, pois esse tipo de coisa não é controlado, organizado. Fato é que Bataille, Klossowski, e outros escritores com eles e após eles, apareceram como autores para o inferno da BN*, sem que nada se cristalizasse, graças a (ou por causa d') eles, como erotologia. Certo que a "liberação sexual" não foi pouco; mas esse movimento, coletivo, ocorreu não sem razão distante dos autores mencionados. Em 1963, a homenagem que a revista *Critique* presta a Bataille fica marginal, uma fomentação de vanguarda. Portanto, o acontecimento é exatamente contemporâneo da citação que há pouco eu lia.

---

na história [...] o que vivemos é precisamente isto: curiosamente, a perda, a perda do que teria como suporte a dimensão do amor, se é bem não aquela que eu digo – não posso dizê-la, não posso dizê-la –, esse nome do Nome-do-Pai [*Lacan acaba de dizer que o amor tem relação com o Nome-do-Pai*] é substituído por uma função que nada mais é que "nomear para..." (*Les non-dupes errent*, sessão de 19 de março de 1974). Podemos melhor repetir que a psicanálise é uma erotologia a não ser formulando o que, nesse mesmo seminário (exatamente em 18 de dezembro de 1973), Lacan dizia: "se a psicanálise é um meio, é no lugar do amor que ela se agüenta"?

5 Portanto, esse artigo não ficaria, definitivamente, em seu lugar – exceto admitindo que assim ele o tivesse imaginado.

* Biblioteca Nacional. (NT)

Com respeito a essas referências, e à anuência de Lacan a esses autores, não é espantoso que se tenha mantido na análise, durante um século, com exceção de Lacan, a palavra "erotismo" em proveito apenas – é incrível se pensarmos nisso nem que seja por um segundo – do... autoerotismo? Como se a análise só pudesse acolher o erotismo sob uma forma "auto", masturbatória! Teremos a oportunidade de situar que esse excesso de peso concedido ao auto recentemente se revestia de certos hábitos que pouco mascaram a embrulhada (o hábito da fantasia, colocado no centro do fim de partida analítica).

Pode-se ler ainda, nesse mesmo seminário, quatro meses mais tarde:

> **Se desconhercermos que o que está em jogo em nossa técnica é um manejo, uma interferência, até mesmo, a rigor, uma retificação do desejo, mas que deixa inteiramente aberta e em suspenso a noção do desejo, e que exige seu perpétuo requestionamento, seguramente só podemos, de uma parte, nos perder na rede infinita do significante, ou, para nos recuperar, cair <de outra parte> nas vias mais comuns da psicologia tradicional[6].**

Não se pode dizer melhor a situação atual e o que pode ser nossa intervenção nessa situação. "Retificar o desejo", em outras palavras, dar-lhe um lugar, um certo lugar passível de lhe dar também forma, tal como a jarra para o vinho, essa é a ambição de toda erotologia. Mas, no texto acima, lê-se também que, na ausência dessa ambição, que Lacan propõe para a análise, esta se transforma em lacanismo (cujo exemplo maior será, muito mais tarde para Lacan, a obra derridiana *Le verbier de l'homme aux loups*[7]), ou em uma psicologia (e, aí ainda, Lacan está implicado, a partir do momento em que seus seguidores transformam seu trilhamento em uma psicologia lacaniana).

Com essas citações, vocês agora sabem que é legítimo articular o seguinte: a psicanálise, disse ele, é uma erotologia.

Refluxo

Preferi o passado simples "disse ele" ao imperfeito "dizia ele", pois há, em francês, nesse afastamento entre passado simples e imperfeito, a distância

---

6 *Ibid.*, sessão de 22 de maio de 1963.

7 J. Lacan, *L'insu que sait de l'une-bévue s'aile à mourre*, seminário inédito, sessão de 11 de janeiro de 1977.

que separa a ação pontual ocorrida daquela que durou no tempo*. Um dizer ocorreu. Mas daí a crer que ele prossegue, ou, pelo menos, que ele prossegue ao menos por um momento, é outra coisa. Inclusive parece que é da natureza da erotologia analítica não poder se manter indefinidamente no nível em que, no entanto, ela se apresenta. É um fato curioso, mas talvez não menos do que um outro, a saber, a ereção, figura eminente, deve-se dizer, da excitação sexual. Ela também não é feita para durar muito tempo, pouco estimula a que se demore nela. Infalivelmente, segue-se o dito "período refratário", bastante variável, já que esse período vai de alguns segundos a algumas dezenas de anos.

No entanto, as consequências do que não chega a ficar regrado na análise como erotologia são deploráveis. Em todo caso, Lacan as indica, e teremos que oferecer mais quanto a elas. Até chegarmos a pensar que, assim como após uma ereção vem o período refratário (esse momento libidinal que a psicanálise, deve-se dizer, pouco descreveu e, *a fortiori*, pouco explicou), assim também, após sermos bem-sucedidos em cernir a psicanálise como erotologia, vem um período no qual nos tornamos como que alérgicos a essa tese. Mas daí se segue que é à análise mesma que nos tornamos refratários. Isso é perfeitamente indicado por Lacan quando diz que a perspectiva kleiniana se origina num tal recuo.

Na Argentina, Melanie Klein, diz-se, foi maciçamente seguida, alguns analistas são kleinianos, outros foram analisados por um kleiniano, enquanto outros, ainda, passaram de Klein a Lacan (aliás, quase nada testemunhando, a meu conhecimento, sobre essa passagem); mais uma razão para não desprezar essa história do movimento analítico que Lacan escreveu em algumas linhas e para a qual o estatuto da psicanálise como erotologia é uma verdadeira pedra de toque.

A história contada por Lacan parte de um impasse, aquele que Freud registra no artigo "Análise terminável, análise interminável"[8], aquele do qual Lacan diz que não é um impasse efetivo, mas um beco sem saída em que a

8 Sigmund Freud, "*Die endliche und die unendliche Analyse*", 1937 [em francês, "Analyse finie, analyse indéfinie". (NT)].

* É, em resumo, a mesma diferença de "aspecto verbal" (o "aspecto verbal" não é o "tempo verbal") que determina o pretérito perfeito do indicativo e o pretérito imperfeito do indicativo como tempos diferentes em português. (NT)

psicanálise se extraviou, apesar de um tal extravio ser evitável graças a seu trilhamento.

O que Lacan não disse aí! Pois, evidentemente, não se deixou, mais tarde, de opô-lo a Freud. Freud é o impasse, Lacan é o passe[9]. Mas não. O passe, em Lacan, não se opõe ao impasse em Freud, nem mesmo ao impasse em Lacan. Com efeito, o conceito lacaniano de um "fim de partida" é claramente o de um impasse, já que, uma vez atingido o fim de uma partida, ninguém poderia ir mais longe. Há mais "impasse" do que um mate ou um pate – pouco importa – no jogo de xadrez? Se o "fim de partida" analítica é um conceito essencial em Lacan, do que ninguém duvida, se ele é um traço, um acontecimento decisivo da erotologia analítica, esse fim de partida só poderia ser um impasse, a não ser perdendo toda existência própria. Além do mais, o passe não tira o analisando em fim de partida desse impasse, senão... não seria o impasse de fim de partida; portanto, também não seria o passe! Assim, verifica-se que a oposição impasse de Freud / passe de Lacan não é, justamente, segundo Lacan, uma oposição: se, em Lacan, há passe, é pelo fato do impasse e não se opondo ao impasse – enquanto em Freud, por exemplo tal como é lido por Conrad Stein, nunca há impasse, mas, em fim de análise didática, passagem da análise feita com e por qualquer um (o analista) à autoanálise, o que termina por deixar cada um numa posição senão idêntica, pelo menos próxima daquela, inaugural, de Freud. Se, em Lacan, um passe se avizinha do impasse, não pode ser, de jeito nenhum, negando-o, nem como uma antítese, mas, ao contrário, fazendo valer o impasse do fim de partida. Ao atirar nos mendigos de Lahore, o vice-cônsul, justo tangencialmente a esse ato que fica preso num impasse real (pois é impossível eliminar, matando-os, os mendigos de Lahore), suscita sua ligação com sua passadora Anne-Marie Stretter e conosco, leitores do *Ravissement de Lol V. Stein* e do *Vice-consul*, espectadores de *India song* e de *Son nom de Venise dans Calcutta désert*[10].

Em 1963, Lacan não imagina que essa demarcação em relação a Freud vai ter semelhante consequência. Ele se separa, portanto, de "Análise terminável, análise interminável". Eis em que termos:

9 Tese de Jacques-Alain Miller em Caracas, em 1980.

10 Cf. Jean Allouch, "La passe ratée du Vice-consul", *Lettres de l'école*, nº 22, março de 1978, 2ª publicação (parcial) em *Ornicar?*, nº 12-13.

> **[...] tendo chegado com a experiência de Freud a tropeçar num impasse, que sustento ser apenas aparente e até aqui nunca ultrapassado, o do complexo de castração, [...] no momento, lembremos sua consequência na teoria analítica, algo como um refluxo, como um retorno que leva a teoria a buscar, em última instância, o mais radical funcionamento da pulsão no nível oral.**

É singular que uma análise, uma percepção que, inauguralmente, foi a da função nodal em toda a formação do desejo do que é propriamente sexual, tenha sido, durante sua evolução histórica, cada vez mais levada a buscar a origem de todos os acidentes, de todas as anomalias, de todas as hiâncias que podem se produzir no nível da estruturação do desejo em algo sobre o qual não se fala exaustivamente ao dizer que é cronologicamente original, a pulsão oral; ainda é preciso justificar que seja estruturalmente original[11].

Lacan vai então reler, isto é, reescrever uma parte de suas recentes formulações nesse seminário (as que se referiam ao objeto oral), lançando sua análise da oralidade (e, mais geralmente, do que é dito da oralidade) na conta do falicismo:

> **Também já abordei o que, creio, deve para nós reabrir a questão dessa redução à pulsão oral, mostrando essa maneira como atualmente ela funciona, isto é, como um modo metafórico de abordar o que se passa no nível do objeto fálico, uma metáfora que permite [permita] eludir o que há de impasse criado pelo fato de que [que] nunca foi resolvido por Freud, no último termo [do] que é o funcionamento do complexo de castração, o que o vela, de algum modo, o que permite falar dele sem se deparar com o impasse.**

Eis já a continuação imediata, pois aí é enunciada uma outra tese maior da erotologia analítica, que o próprio Lacan esquecerá talvez parcialmente, cujo futuro, em todo caso, será preciso seguir, suas modulações, variações, as transformações na continuação de seu trilhamento:

> **Mas, se a metáfora é correta, devemos, no seu próprio nível, ver o começo do que está em questão, disso para que ela é aqui apenas metáfora. É por isso que é no nível dessa pulsão oral que, já uma**

11 J. Lacan, *L'angoisse*, sessão de 15 de maio de 1963.

> **vez, tentei retomar a função relativa do corte do objeto, do lugar da satisfação e do lugar da angústia.**

Assim como está, essa tese é ilegível. Ela afirma que se deve distinguir o lugar do desejo, quer dizer, do desejo que tem como suporte a fantasia, e o desejo em ato, isto é, a falta ligada à satisfação, sendo a angústia o sinal de que essa falta é preenchida. Essa tese é também a da "separtição [*sépartition*] fundamental"[12]. Retenham esse nome separtição, pois ele marca a existência de um problema teórico e clínico essencial, que certamente a noção confusa de separação [*séparation*] mascara. Deve-se, precisa Lacan, definir essa separtição como a separação entre o sujeito e o seio na medida em que esse seio é seu objeto e não um objeto materno (a separtição é, portanto, uma separação interna ao sujeito), assim como distingui-la de uma outra separação, a que está em jogo na relação do sujeito com o seio seco, aquela cuja inexistência produz angústia. Lacan reforça a necessidade de distinguir essas duas separações diferentes observando que a criança não é um vampiro, que ela não vai, como o vampiro, buscar sua nutrição na fonte, nem na verdade usa seus dentes. Quanto ao vampiro, está relacionado com o ponto para-além do ponto da fantasia, para-além do ponto que liga o sujeito com seu objeto seio.

Para reforçar isso, Lacan faz esse mesmo esquema entrar em jogo a propósito do nascimento. Aí também se deve distinguir a separtição da criança em relação a seus envoltórios (os que lhe pertencem, embriologicamente, plenamente), da separação desse conjunto (crianças mais envoltórios) em relação à mãe[13]. E Lacan cita o ornitorrinco, que, separado já há um tempo da mãe, vive ainda, no ventre materno, em seus próprios envoltórios[14]. Seja quanto ao nascimento (mesmo que a embriologia lacaniana seja hoje julgada um pouco aproximativa), ou quanto à oralidade, a fórmula desses dois diferentes cortes será, portanto, a seguinte:

> **[...] a relação com a falta se situa para-além do lugar onde esteve em jogo a distinção do objeto parcial [...]**[15].

---

12 *Ibid.*

13 *Ibid.*

14 *Ibid.*

15 *Ibid.*

A coisa é perfeitamente válida no nível do falicismo: da mesma forma, o ponto masturbatório, eu acrescentaria, não é o do ato sexual. Lembramo-nos de que Freud dizia que a coisa importante na masturbação era a fantasia para a qual se apelava. Pois bem, há uma diferença clínica perfeitamente notável entre se masturbar, ou mesmo foder com essa fantasia, e foder propriamente falando.

Essa análise lacaniana da oralidade é a de um grande clínico. Mas ela não faz Lacan perder sua bússola, já que, ao contrário, lhe serve para indicar que a bússola não é a oralidade:

> **Decerto, não é por acaso, nem decerto com mau conhecimento de causa, que fomos buscar nas fantasias mais antigas a justificação do que não sabíamos muito bem como justificar no nível da fase fálica[16].**

Uma última vez, Lacan vai, pois, seguir esse refluxo, mas para abordar os problemas ali onde devem estar, isto é, no nível fálico. Assim, estaremos lidando, nesse seminário, com o que bem se deve chamar de uma escrita da relação sexual, ou melhor (ou pior?), com uma homologia entre essa escrita e a da subjetivação, a da divisão do sujeito.

Conclusão

Eis, portanto, uma primeira e dupla conclusão: a psicanálise de Freud é uma erotologia; ela se desviou desse estatuto durante todo um momento de sua história, aquele compreendido entre o falso impasse de "Análise terminável, análise interminável" e o seminário *A angústia*.

Dizíamos, no passado: a psicanálise, disse ele, é uma erotologia. Só que é legítimo nos perguntarmos se a leitura feita por Lacan, em 1962-63, do refluxo dessa "estimativa", como ele a chama, não é, em conclusão, igualmente aplicável a ele mesmo. Alguns indícios iriam nesse sentido, particularmente o centramento que parece ter se produzido, alguns anos mais tarde, do fim de partida analítica na fantasia. No entanto, a partir da construção do primeiro

---

16 *Ibid.*

grafo, aquele dito do desejo, a fantasia é apenas um tempo, ou um elemento de uma estrutura, enquanto em 1963 Lacan se esforçava para distinguir cuidadosamente ponto de angústia e ponto de fantasia – o que, aliás, é preciso fazer, senão não se compreenderia que nem toda fantasia, automaticamente, a partir do momento em que se apela para ela, angustia.

Resta que, se a fantasia tivesse tomado a primazia, então, sim, a tese deveria ser enunciada como eu disse no início: a psicanálise, digo, é uma erotologia.

Por isso vocês estão lidando com um "je" de mestre? Apenas com uma repetição, em outras palavras, com um "je" que é apenas essa terceira pessoa implicada pelo beckettiano "Que importa quem fala?" e que, além do mais, como pronome de repetidor, vem do cômico?

Não é como cômica que se deve ler a reiteração, por Lacan, de sua formulação erotológica no fim da sessão de 12 de março de 1974 de seu seminário *Les non-dupes errent*? Com efeito, leiamos, nesse registro, as linhas abaixo:

> Se acontecesse, se acontecesse de o amor se tornar um jogo do qual... soubéssemos as regras, isso talvez tivesse, do ponto de vista do gozo, muitos inconvenientes. Mas isso lançaria este, se posso dizer, para seu termo conjugado. E se esse termo conjugado é o que proponho como real (para o qual, vocês veem, me contento com esse pequeníssimo suporte do número – eu não disse da cifra – três), se o amor, tornando-se um jogo do qual sabemos as regras, chegasse um dia, já que é sua função, a que ele é um dos uns desses três, se funcionasse para conjugar o gozo do real com o real do gozo, será que não estaria aí alguma coisa que daria o valor do jogo?[17].

17 Essa declaração responde, como que por antecipação, a uma interrogação, até mesmo a uma preocupação de Lacan, aquela que se encontra notadamente formulada em 8 de abril de 1975 (*RSI*): "Desafio cada um de vocês a que eu não lhe prove que crê na existência de Deus. É mesmo esse o escândalo que apenas a psicanálise faz valer. [...] Formalmente, isso se deve apenas à tradição judaica de Freud, a qual é uma tradição literária que o liga à ciência e, ao mesmo tempo, ao real. É esse o promontório que há a dobrar: Deus é *père-vers*. É um fato tornado patente pelo próprio judeu. Mas se terminará por – enfim, não posso dizer que o espero, digo, ao retornar a essa corrente, se terminará por inventar alguma coisa menos estereotipada que a perversão. É mesmo a única razão pela qual me interesso pela psicanálise".

SEGUNDA SESSÃO, TARDE DE SÁBADO

Preâmbulo

Embora essa sessão tenha sido dedicada, em 25 de outubro de 1997, a uma discussão de *A etificação da psicanálise, calamidade* (texto que acabava de ser publicado em francês, que ia ser publicado em espanhol[1] e problematizava um deslize na psicanálise que se tornou especialmente manifesto nos tormentos políticos vividos num país dito "latino-americano"), não encontraremos aqui uma exposição dessa discussão, mas, em seu lugar, uma inédita apresentação da invenção, por Lacan, do objeto *a*.

A operação desse "em seu lugar" não é nem neutra nem inoportuna. Ela redobra o próprio gesto de publicar o presente opúsculo que situa a psicanálise como uma erotologia na sequência imediata daquele que recusava a atual etificação da psicanálise. Mais exatamente ainda, essa substituição pode reivindicar o estatuto do que não teria devido cessar de ter lugar, isso até o ponto de, como substituição, ela poder passar despercebida. Com efeito, a erotologia analítica bem parece poder ser situada nessa mesma via que Lacan tomava, deixando a polidez para os eticistas. Testemunha isso esta declaração:

> **Aconteceu-me não publicar a *Ética da psicanálise*. Naquele tempo, era uma forma, minha, de polidez. Você primeiro, eu lhe imploro! Eu lhe *empioro**! Passem primeiro! Com o tempo, adquiri o hábito de perceber que, afinal, eu podia dizer um pouco mais sobre isso. E,**

1 J. Allouch, *L'éthification de la psychanalyse, Calamité*, Cahiers de L'Unebévue, Paris, EPEL, 1997 [Publicado em português pela Companhia de Freud].

* Em francês: *Après vous, j'v's en prie! J'ousoupire!*. Pode-se ver a tradução da Zahar de 1982, utilizada aqui para este trecho; convém lembrar que não utilizamos (ou não integralmente), aqui como em outros lugares, a versão oficial traduzida quando o autor não indica a versão oficial como fonte. (NT)

> **depois, percebi que o que constituía meu caminho era algo da ordem do *não quero saber nada disso*[2].**

Da mesma forma como não se pôde (ou soube) ficar nesse "não publicar", não nos terá sido possível ficar nesse "não quero saber nada disso". Razão a mais para, depois desse desvio (ou, se se preferir, esse deslizamento pela tangente que tenta pôr um fim no deslizamento se inscrevendo *a minima*), inscrever aqui mesmo um dos avanços da erotologia psicanalítica, a invenção por Lacan do objeto *a*.

Como Lacan inventa o objeto *a*

Tão estranho quanto possa parecer, apesar do peso, hoje, de dezenas de quilos de glosas lacanianas, de introduções a Lacan e outros dicionários que supostamente facilitam o acesso a ele (mas que, de fato, embaralham as pistas), ninguém ainda indicou precisamente, pelo menos a meu conhecimento, em que consistiu a invenção do objeto *a*, como se produziu, nem mesmo em que momento exato ocorreu[3].

A "ficha" perdida da fala concluída*

Lacan inventa o *a*. Devido à sua estranheza, é preciso primeiro dizer algo sobre o que seria esse objeto. Ao invés das *x* horas de curso que se imporiam, mas que, em se tratando de um objeto que está fora do território da mercadoria, talvez não convenham especialmente aqui, eis uma expressão capaz de indicar o que está em jogo. Vem do espanhol do México, onde se diz, correntemente,

2 J. Lacan, *Encore*, abertura da primeira sessão, de 21 de novembro de 1972. Que se possa ler que Lacan chegou a não querer saber nada da ética é confirmado pelo que vem pouco depois: Lacan, tendo lembrado algumas teses maiores do seminário *A ética da psicanálise*, conclui: "Deixo-os então nesse leito, às inspirações de vocês, saio, e mais uma vez escreverei na porta, a fim de que na saída talvez vocês possam se dar conta dos sonhos que, nesse leito, vocês terão continuado: 'O gozo do Outro [...] não é o signo do Amor'".

3 A esse propósito, não se poderia aconselhar o artigo de André Green, "L'objet (a) de J. Lacan, sa logique et la théorie freudienne", *Cahiers pour l'analyse*, nº 3, mai 1966. É um exemplo do que muito se fez depois: parafrasear um trilhamento do qual uma das características estilísticas agora demonstradas é que só aceita a paráfrase se ele se ausentar como tal.

* Em português, a expressão correspondente é "caiu a ficha". No texto, a ênfase é colocada em caiu a ficha para mim, ou a minha ficha (me) caiu. "Ficha", na tradução desse título, corresponde ao "veinte" espanhol. (NT)

com frequência com uma exclamação: "Me cayó el veinte!". Para dizer de outro modo na mesma língua (mas também: para deixar para mais tarde a difícil tradução), a expressão corresponderia a algo como "Me di cuenta bruscamente", me dei conta bruscamente, como num clarão de iluminação. Na Espanha, diríamos "cai en la cuenta de que...", expressão na qual reencontramos o verbo *caer*, cair, da expressão mexicana. Nesse emprego, esse *caer* tem equivalentes em francês (*on "tombe" sur une idée* ["cai-se" numa ideia] ou *une idée vous "tombe" dans la tête* [uma ideia lhes "cai na cabeça"], assim como em alemão (o *Einfall* freudiano também associa a ideia que sobrevém e a queda). Um equivalente argentino seria "Se me prendió el foco", fórmula que tem a vantagem de sublinhar que foi minha casa – minha cabeça, meu cérebro – que se iluminou (e não que eu a teria iluminado – uma neutralidade que fica mais marcada ainda se repararmos que, textualmente, não foi a minha casa, mas a casa que se iluminou... em mim; portanto, subentendido, a minha)[4]. Da mesma forma, em "Me cayó el veinte", um certo objeto, uma moedinha de vinte cêntimos, *un centavo de peso*, caiu "a", isto é, "de" mim, do meu bolso, de meu corpo; é ela, essa peça, o sujeito gramatical da frase, senão exatamente o agente da ação. Justamente, com esse "Me cayó el veinte", tudo se passa como se a pecinha e eu estivéssemos capturados, cada um à sua maneira, numa mesma ação, uma ação tal que não caberia precisar o agente[5]. Tanto que não creio que seja falso nem mesmo abusivo o mal-entendido no qual caí quando me disseram essa expressão pela primeira vez, um desses interessantes mal-entendidos devidos a essa infamiliaridade (*Unheimlichkeit*) que se pode ter numa língua estrangeira no entanto praticada. Com efeito, ouvi, certamente ajudado pelo contexto, algo como "Je me suis fait remonter les bretelles" ["Levei uma reprimenda"], ou "Je me suis fait moucher" ["Levei uma bronca"], ou "... river mon clou" [calar meu bico]. Tratar-se-ia, mais exatamente, de algo como "Eureca!", ou: "Mas sim, é claro, é isso!"; e podemos imaginar sem dificuldade um Champollion mexicano gritar de alegria no momento em que soube que havia decifrado os hieróglifos: "Me cayó el veinte". O *misunderstanding* acentuava a parte do Outro na fala, inclusive tendia a fazer desse Outro senão o agente, pelo menos o instrumento

4 Um enorme agradecimento a Marcelo Pasternac, que, consultado, me deu essas indicações.

5 Assim como a linguagem popular que analisamos acima, o "diz-se" [*on dit*] de Margueritte Duras, forma acabada da subjetivação, inflige uma rude e definitiva correção às observações de um Martin Heidegger segundo as quais o "se" [*on*], enquanto "não-eu", é a própria figura do inautêntico.

da ação, do acabamento da fala, da fala... propriamente falando... resolvida; mas o fato de que na expressão "moi"* seja somente alguém a quem acontece alguma coisa – a pecinha cai de "mim" – basta para marcar que, afinal, contrariando uma linguística tão indigente quanto sumária, não há "je" mestre da fala[6], que, ao contrário, é a fala que, ela mesma, por ela mesma, se fecha – ou não se fecha, caso no qual "je" pode ainda se iludir com ter o domínio dela.

Observemos aqui que a sexualidade está, também, pronominalmente no neutro. É intempestivo, a propósito do ato sexual, dizer "'je' gozo", ou mesmo "'je' faço amor". O gozo corporal em questão não tem, parece, grande coisa a ver com um "je", como nos ensina o fato de que as desditas dessa sexualidade – impotência, frigidez e *tutti quanti* – estão, parcialmente, ligadas à ilusão, senão à crença de que "je" fode; elas vêm indicar, no real do sintoma, que, precisamente, não é esse o caso.

Tratando-se da neutralidade da fala, não se pode, é claro, deixar de convocar Michel Foucault, que cita o famoso "Que importa quem fala?" de Beckett logo no início e, depois, no final de sua conferência "O que é um autor?"[7].

Mas como estão ligados, ou separados, a fala assim posta em seu lugar e esse objeto, que é a questão em "Me cayó el veinte"? Para responder, perguntemos: de onde vem essa fórmula que, literalmente, se leria "Le vingt (m') est tombé" ["Caiu o (meu) vinte"]? Pois bem, não, não é uma história de roleta, na qual o jogador ganha trinta e seis vezes o valor apostado quando joga no vinte e o vinte... cai; a fala que se conclui não está ligada a um ganho, mas a uma perda, a um cair, como já manifestou nossa pequena pesquisa translinguística. É uma história de telefones públicos, os quais, no México, antes que os cartões telefônicos ou de crédito, silenciosamente, insidiosamente, regularmente e obstinadamente, fossem engolidos pelas máquinas, funcionavam com uma moeda de vinte *centavos*, cêntimos de peso. Uma soma não desprezível para alguns dos que telefonavam de lá e que não dispunham de telefones em casa. Aquele que

---

6 Um lingüista nos propõe a mais radical demonstração disso: Jean-Claude Milner, "Le matériel de l'oubli", *in Usages de l'oubli*, Paris, Seuil, 1988.

7 Michel Foucault, "Qu'est-ce qu'un auteur?", *Bulletin de la Société française de philosophie*, 1969, versão retomada em *Littoral*, nº 9, *La discursivité*, Toulouse, Érès, 1983. Uma versão crítica desse texto (comportando as modificações trazidas pela versão da universidade de Buffalo) será encontrada em *Dits et écrits*, T. I, Paris, Gallimard, 1994, pp. 789-821.

* Em francês, *moi* e *je* são "eu", mas com diferenças sintáticas: o *moi* nunca funciona como sujeito gramatical e pode ser traduzido, em português, de acordo com o contexto frasal, por "mim", "me", etc. (NT)

assim chamava tinha, então, que pôr esses vinte cêntimos no aparelho, depois discar o número desejado. No instante em que o interlocutor tirava o fone do gancho, um ruído característico anunciava ao falante que a máquina tinha engolido seus vinte cêntimos. Podia ser o fim de uma espécie de louca esperança: "E se eu recuperasse meus vinte cêntimos, em vez de (me) vê-los comidos?". Pois bem, não, a partir do momento em que se começa a conversa, acabou, está perdido, "me cayó el veinte". Notavelmente, a significação da expressão coloca essa queda no fim do ato de fala: um "eureca", um brusco "dar-se conta de (ou do que)" é uma conclusão e não uma pergunta, é um término dado a uma questão. A expressão opera, pois, um curto-circuito, já que esse objeto que está perdido no início, no instante em que a fala começa, também está perdido no fim, no momento do eureca, da anuência, da queda final da tensão.

É assim o objeto *a* de Lacan, um objeto de saída perdido e cuja perda é realizada por toda fala concluída. "Já está tudo cozido" – diz o indianista Charles Malamoud a propósito do pensamento que ele estuda – "trata-se apenas de recozinhar"[8].

Ninguém contesta que Lacan tenha produzido esse objeto.

A invenção do objeto *a*

O momento dessa invenção não é qualquer um. Como acontece com bom número de verdadeiras inovações teóricas, esta se produz sobre um fundo de perturbação. A bússola foi perdida até nos fundamentos da problemática, que também parecem, estes, vacilar. Tudo isso em... *A angústia* (seminário 1962-1963). Tanto é que, se, por qualquer motivo, só se tivesse que guardar uma única sessão dos seminários de Lacan, dever-se-ia, na minha opinião, conservar essa de 9 de janeiro de 1963, inclusive a passagem ao ato de Lacan (como devemos designá-la) cujo rastro é registrado pela estenotipia no meio de páginas tão indispensáveis quanto mal organizadas, cheias de rasuras, de sublinhados intempestivos, de correções manuais feitas por Lacan, de comentários de alunos, de erros diversos. Se fosse preciso ainda, nessas páginas, reduzir o material a duas ou três linhas, então escolheríamos estas, que marcam nada menos do que o passo mais importante dado por Lacan desde a invenção do

8 Charles Malamoud, *Cuire le monde, Rite et pensée dans l'Inde ancienne*, Paris, La Découverte, 1989, p. 65.

ternário simbólico imaginário real em 1953[9]. A invenção do *a* tem lugar dez anos mais tarde e, agora, fazem trinta e cinco anos que a coisa foi produzida.

Em crise

Para apresentá-la, vamos partir, então, da perturbação, da vacilação do trilhamento de Lacan. A crise não é situável em tal ou tal outro dos rincões de seu ensino; ela concerne a ele em seu conjunto. Há vários sinais patentes disso em *A angústia*.

– Permanecia ambíguo, nas fórmulas pelas quais Lacan tentava na época escrever a divisão do sujeito, o termo "outro", tanto objeto, resto da divisão do sujeito, quanto imagem, o outro do espelho. Essa ambiguidade foi tamanha que o próprio Lacan não recuou, contra sua própria álgebra, contra o grafo, de escrever como i(a) o objeto da fantasia, aquele com o qual o sujeito barrado mantém uma relação de punção.

– Outro sinal da grave crise que o trilhamento de Lacan sofre nesse fim do ano de 1962: nossa impotência para decidir, ainda hoje, na transcrição desse seminário, em numerosas ocorrências, entre "Outro" e "outro". Para um estabelecimento crítico dessas passagens, certamente valeria, hoje, antes que forçar as coisas ali onde as soluções se furtam, decidir-se a escrever em francês, com uma palavra inventada – como a palavra "otre", que tem por si a vantagem de uma estrita homofonia* –, essa impossibilidade de distinguir maiúsculo e minúsculo *otre*, uma impossibilidade que marca os limites de uma distinção conceitual que se verifica, assim, sofrer uma brutal contestação.

Pois bem, a partir de 9 de janeiro de 1963... acabou: *a*, como objeto, nada mais terá a ver com o outro. É esse o passo maior, decisivo, crucial. Ele está contido em uma frase bem simples, de consequências imediatas, numerosas, explícitas, capitais também, consequentemente, e perfeitamente identificáveis em seu estatuto de consequência, como veremos numa última parte desta apresentação.

Lacan, no início dessa sessão, lembra rapidamente sua tese segundo a qual a angústia é um momento em que o objeto *a* surge no *Heim*, na "casa

9 Sobre o caráter nodal da invenção do ternário simbólico imaginário real, assim como sobre os limites dessa invenção, limites que o próprio Lacan explora nos seus últimos trilhamentos, permito-me remeter o leitor destas linhas a meu livro *Freud, et puis Lacan*, Paris, EPEL, 1993.

* Homofonia com *autre*, que é a palavra "outro", em francês. (NT)

do homem"[10], lugar de uma ausência cuja posição é marcada, no esquema do buquê invertido[11], pelo gargalo do vaso no lugar do Outro, isto é, no espelho plano do Outro. Essa teoria da angústia é confirmada clinicamente em especial com a fina observação de que não é a ausência do seio que angustia, mas sua presença tapando o furo do *Heim* no Outro, o mesmo acontecendo com o olhar, a voz, etc. Lacan fala então, textualmente, de:

> **[...] algo que, de imediato, eu designaria primeiro pela letra (a), que vocês veem aqui encimar o perfil do vaso[12].**

Esse "de imediato" é pelo menos estranho... Por um lado, essa designação não data daquele dia, por outro, ela anuncia a frase decisiva que estou, aqui, trazendo passo a passo.

Deve-se, assim (falsamente), literalizar "de imediato", porque há algo que não se aguenta, ou não funciona mais, na própria construção de Lacan. O quê? De qual antinomia da razão ternária (S.I.R.) provinham esses sinais que acabamos de assinalar? Da seguinte: tornou-se impossível persistir em chamar de "pequeno outro" 1/o vaso no Outro e 2/o buquê de flores que vem no gargalo do vaso, o objeto cuja presença no *Heim* provoca a angústia. É ainda mais difícil porque Lacan justamente assinalou, *via* Karl Abraham, desde o seminário *A transferência...*, que esse objeto parcial é precisamente um resto que escapa ao jogo da libido reversível entre i(a) e i'(a). Só na maior das confusões a letra "a" pode designar ao mesmo tempo, em sua álgebra, o outro e o que, essencialmente, escapa ao outro – mesmo que o outro o tenha no gargalo.

Um fator positivo essencial, que vai contribuir para enfim suspender essa ambiguidade, vem da topologia, ciência não-(geo)métrica das superfícies. Desde o seminário *A identificação*, no ano precedente a *A angústia*, Lacan sabe distinguir dois tipos diferentes de objetos, os objetos especulares (eles têm uma imagem no espelho) e os que não o são. Daí a relacionar esses dois tipos de objetos com os dois pequenos outros que, até então, não são "confundidos", mas, em sua não-distinção terminológica, são mantidos entre

---

10 J. Lacan, *L'angoisse*, seminário inédito, sessão de 5 de dezembro de 1962.

11 Encontramos uma representação dele no texto "Remarque sur le rapport de Daniel Lagache", J. Lacan, *Écrits*, Paris, Seuil, 1966. A retomada do esquema ótico em *A angústia* é precisamente capaz de tornar obsoletos certos pontos importantes do iniciozinho dos anos 1960.

12 J. Lacan, *L'angoisse*, p. 3 da sessão de 9 de janeiro de 1963.

si numa ligação que permanece confusa, há apenas um passo, que, justamente, será definitivamente dado nesse 9 de janeiro de 1963. É, justamente, o mesmo passo pelo qual Lacan inventa o objeto *a* (sua mais importante invenção, dirá ele mais tarde). Mas o importante é também saber como, naquele dia, ele o inventa.

Assinalamos um primeiro ponto de perturbação da álgebra lacaniana, legível no esquema do buquê invertido. Há um segundo, há uma segunda incidência desses dois pequenos outros

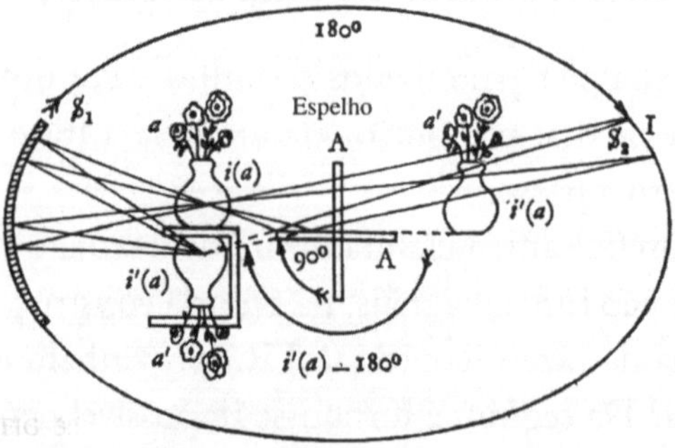

Espelho
O esquema do buquê invertido
em "Observação sobre o relatório de Daniel Lagache",
Escritos, p. 687

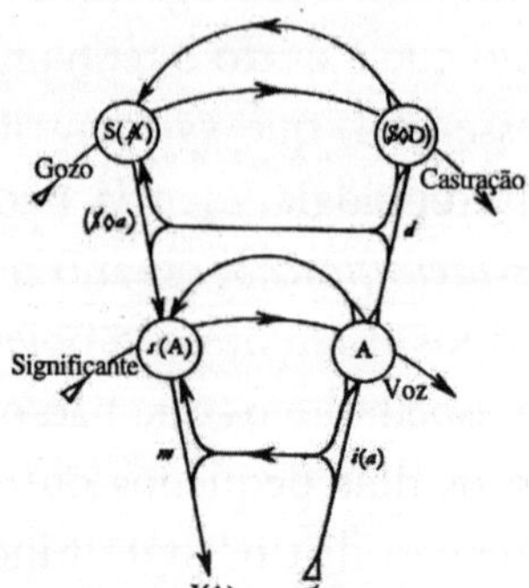

O grafo do desejo
em "Subversão do sujeito e dialética do desejo",
Escritos, p. 831

não menos perturbadora, desta vez no grafo[13]. De maneira alguma se pode rebater os dois pisos do grafo um sobre o outro, dois pisos que, justamente, o grafo distingue como provindo, respectivamente, do simbólico e do imaginário (o piso do meio e o de cima). Ora, se se escrever i(a) no lugar do "a" da fantasia, enquanto i(a) está, como deve ser, localizado no piso imaginário, anula-se o desdobramento desses dois pisos, o que põe o grafo por terra, o que destrói, ao mesmo tempo, a distinção paradigmática entre simbólico e imaginário. Lacan inutilmente tentou fazê-lo numa sessão precedente[14], ele não pode mais desconhecer que isso não funciona.

Eis, então, dois matemas maiores, o grafo e o esquema do buquê invertido, muito mal parados. Lacan tem na cabeça, pois, explicitamente, que lhe vai ser preciso fazer de novo seu dever de casa. E, aliás, há algumas semanas ele está apoquentado. Por exemplo, em 28 de novembro de 1962, começa a sessão dizendo que o pressionam para que articule melhor o "Estádio do espelho" e o "Relatório de Roma", ou seja, no espírito algo simplificador dos que o interrogam, o imaginário e o simbólico. Eis, então, o texto de 9 de janeiro:

> **É claro que isso** [*entendam: os problemas que acabam de ser lembrados*] **supõe mais um passo na situação precisa do que entendemos por esse objeto (a). Quero dizer, esse objeto, nós o designamos por (a) justamente** [*entendam, um eco da observação que acaba de ser feita sobre a letra a*]. ***Assinalo que essa notação algébrica tem sua função.***

É isso aí! Está tudo dito. Essa última frase, tão simples, é o ponto pivô, depois de dez anos de ensino apoiado em SIR, de tudo o que será a sequência desse ensino.

O passo decisivo

Certo, a frase pode parecer ao mesmo tempo simples demais e opaca, mesmo para aqueles que talvez se lembrem de que, em *Clínica do escrito*, a propósito de Hans, tive que sublinhar que, segundo Lacan quando estuda esse caso histórico, a formalização é a coisa clinicamente decisiva[15]. Vamos

13 Cf., entre outros textos que apresentam esse grafo, "Subversion du sujet et dialectique do désir", *Écrits*, ob. cit.

14 J. Lacan, *L'angoisse*, p. 17 da sessão de 21 de novembro de 1962.

15 J. Allouch, *Lettre pour lettre*, Toulouse, Érès, 1984, p. 106 [Traduzido no Brasil pela Companhia de Freud com o título *Letra a letra* (e com reedição com o título de *Clínica do escrito*)].

seguir, pois, a explicação que Lacan dá dessa última observação. É a continuação do texto citado:

> **Ela [*a notação algébrica*] é como um fio destinado a nos permitir reconhecer, sob as diversas incidências em que nos aparece, a identidade. Sua notação é algébrica: (a) – justamente para responder a essa finalidade de situação *pura* [grifo meu] da identidade, tendo já sido posto por nós que a situação por uma palavra, por um significante, é sempre e só poderia ser metafórica, isto é, de algum modo deixa fora da significação induzida por sua introdução a função do próprio significante.**

A asserção segundo a qual a letra "a" é álgebra realiza, portanto – não recuemos diante da palavra –, uma depuração. A invocação da metáfora vem aqui marcar a distância entre a palavra e a coisa, o fato de que a linguagem, como foi definitivamente estabelecida por Ferdinand de Saussure, não é uma nomenclatura. No passo aqui dado, não se trata de pôr um fim nessa irremediável distância entre palavras e coisas: muito ao contrário, a questão é homologá-la, fechá-la de vez. Como? Deixando cair radicalmente o valor metafórico da letra "a", isto é, o reenvio dessa letra ao pequeno outro. Em outras palavras, assinalando que *a* é álgebra, Lacan opera um corte, uma clivagem entre a significação dessa letra (seu reenvio metonímico ao outro especular, sendo a letra "a" a primeira letra da palavra *autre* ["outro", em francês]) e sua função de designação (do objeto não especularizável). Há clivagem entre a significação do significante e a função do significante. O significante constitui, ao designá-lo, um objeto em sua identidade, mas ao preço de dever absolutamente não significar mais nada.

Como mais uma martelada no prego, Lacan acrescenta (será o fim de nossas citações):

> **O termo bom, ainda que engendre a significação bom, não é bom por si mesmo, longe disso, pois engendra, e ao mesmo tempo, o mal.**

Na verdade, essa última frase é uma daquelas nas quais Lacan corrigiu a estenotipista, que tinha escrito:

> **O termo ponte*, ainda que engendre a significação ponte, não é ponte por si mesmo, longe disso, pois engendra, e ao mesmo tempo, [vírgula, ou ponto, e mais nada].**

Como a frase da estenotipia não parece concluída, Lacan acrescentando "o mal" em manuscrito, como, além do mais, é pouco provável que Lacan tenha dito "n'est pas pont par lui-même" ["não é ponte por si mesmo"][16], o que soa mal em francês (espera-se, apesar de seu gongorismo, "n'est pas *un* pont par lui-même" ["não é *uma* ponte por si mesmo"]), enquanto "n'est pas bon" ["não é bom"] não choca os ouvidos, proponho que se coloque na conta da estenotipista o aparecimento desse "ponte" (se é que devemos ler assim as letras rasuradas pela escrita manuscrita de "bom"). Claro que isso não nos deixa quites com essa rasura. Mas, pelo momento, vai nos bastar tratar o termo "outro" como são aqui tratados esse termo "ponte" ou esse "bom" para concluir que, assim como o termo "bom" não é bom (nem o termo "ponte" uma ponte), a letra "a" não é o outro. Eis, então, o corte constituinte do objeto *a*.

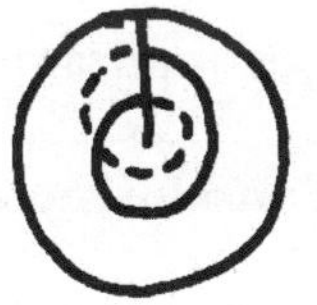

E Lacan junta o gesto à fala e à escrita. Como o *cross-cap*, mais precisamente a inscrição, a realização de um certo corte nesse objeto lhe permite isolar o objeto *a*, eis Lacan dando a seus ouvintes esse objeto *a* realizado em papel-cartão. Aliás, a fórmula dessa doação não pode ser mais "surrealista". Ele lhes diz, em sua passagem ao ato:

> **Eis aqui a parte residual. Eu a construí para vocês, faço-a circular. Ela tem seu interessezinho porque, deixem-me dizer, isso é (a). Eu o dou a vocês como uma hóstia, pois, deixem-me dizer, vocês se servirão dele mais tarde. O *a* é feito assim**[17].

16 Seria esperado "não é uma ponte por si mesmo", ou melhor: "não é por si mesmo uma ponte".

17 J. Lacan, *L'angoisse*, p. 29 da sessão de 9 de janeiro de 1963.

* Em francês, *bon* [bom] e *pont* [ponte], foneticamente próximos. (NT)

Essa passagem ao ato é importante. Ela faz parte da invenção do objeto *a*. Mas como? Mas por que ele é como que convocado pela algébrica invenção? Por que, em todo caso, caminha junto com ela?

Resumamos, ou condensemos o que foi dito: um corte, produzido por um significante puro, é constituinte do objeto *a* como dejeto, como objeto caído, separado, perdido. Evocamos a invenção do ternário SIR em julho de 1953; vê-se, a produção do objeto *a* a redobra e, pois, a confirma. Com efeito, é preciso que o simbólico seja distinto do imaginário para que esse significante, definido bem mais drasticamente do que o dos linguistas, intervenha como corte.

A literalização, a formalização é, pois, o passo decisivo. Lacan, em sua interpretação do sonho da injeção em Irma, dá essa mesma função à fórmula química[18]. Esse traço é, pois, três vezes maior: na invenção da análise (o sonho é dito inaugural pelo próprio Freud), na de RSI e na do objeto *a*.

Resta um resto dessa produção formal de um resto. A passagem ao ato é o índice, de saída presente, de que um outro modo da transmissão está em jogo, diferente daquele, puramente formal, das ciências exatas. Embora também nas ciências exatas, Lacan observava, não se pudesse dispensar totalmente a fala para apresentar os jogos puramente formais das letrinhas.

Consequências

Haveria quatro invenções maiores de Lacan, nenhuma a mais. Quatro passos decisivos, o que é muito para um "doutrinário" (ele próprio se qualifica assim), como já indica o fato de que, em Buda, houve apenas dois:

1/ a descoberta de que, já que o desejo provoca sofrimento, para acabar com este era preciso renunciar àquele;

2/ a descoberta da via mediana (recusa do ascetismo estrito).

Em Lacan, os quatro passos teriam sido os seguintes (quase todos datáveis até quase os segundos):

1/ a invenção do estádio do espelho (1936);

2/ a invenção do ternário SIR (8 de julho de 1953);

3/ a invenção do objeto *a* (9 de janeiro de 1963), em disparidade com as três outras como consequências de cifrações, embora ela mesma seja uma cifração;

---

18 J. Allouch, *Érotique du deuil au temps de la mort sèche*, Paris, EPEL, 1995 [Publicado pela Companhia de Freud sob o título *Erótica do luto no tempo da morte seca*], pp. 102 e seg.

4/ a invenção da cadeia borromeana (1973).

Mencionemos agora algumas consequências imediatas da invenção do objeto *a*, pois essas consequências são outros índices de que um acontecimento teórico teve lugar nesse 9 de janeiro de 1963. Reunidas, essas consequências dão prova da existência do acontecimento em questão, um pouco como se provou a existência de Deus pela incompreensível presença da ideia de infinito no espírito humano, isto é, num espírito limitado: seria necessário que existisse um ser em si mesmo infinito para ter colocado essa ideia de infinito num tal espírito limitado.

I – Consequência para o luto

Em 23 de janeiro de 1963, o seminário entra numa reformulação da problemática do luto que mostra que há um antes e um depois do 9 de janeiro de 1963. Com efeito, falou-se do luto no 28 de novembro precedente. O que dizia Lacan então? Ele situava a "identificação regressiva" do luto descrita por Freud (ao menos apresentada como tal por Lacan) como sendo a identificação com o objeto: exemplarmente, a de Hamlet com Ofélia. Ao ver Ofélia sacrificada, morta, Hamlet entra num "furor da alma feminina". Nesse furor, Hamlet aceita tudo, inclusive lutar contra sua própria imagem especular, isto é, Laerte.

> **Temos aqui a distância, a diferença que há entre duas espécies de identificações imaginárias, aquela com (a) i(a), imagem especular tal como nos é dada no momento da cena na cena** [*com efeito, Lacan pouco antes identificou Hamlet a Luciano, o criminoso da peça*], **aquela mais misteriosa, cujo enigma começa a ser desenvolvido ali, com algo diferente, o objeto, o objeto do desejo [...]** [*entendam, Ofélia*]. [*esse objeto*] **é reintegrado à cena pela via da identificação justamente, na medida em que, como objeto, ele vem a desaparecer [...] é por essa via que se coloca o retorno de Hamlet [...]**[19].

Essa distinção entre "duas espécies de identificações imaginárias" parece das mais problemáticas depois de 9 de janeiro de 1963, já que apenas um objeto enantiomorfo[20] pode se prestar a uma tal identificação e o objeto *a*, tal

19 J. Lacan, *L'angoisse*, sessão de 28 de novembro de 1962, pp. 17-18 da sessão.

20 "Diz-se que duas figuras assimétricas que são imagens uma da outra num espelho são 'enantiomorfas'", Martin Gardner, *L'univers ambidextre, les miroirs de l'espace-temps*, Paris, Seuil, 1985.

como a topologia o realiza, não oferece essa possibilidade. Pode-se, portanto, esperar uma efetiva e notável mudança de paisagem teórica entre esse 28 de novembro de 1962 e o 23 de janeiro de 1963. E, com efeito:

– Em novembro, de um modo que permanece impreciso, o *a* está em jogo na identificação imaginária com o Luciano (*Hamlet* III, 2, 120 e seg.) da pantomima (a hesitação "(a) / i(a)", que não se sabe se é de Lacan ou da estenotipista, de qualquer modo é significativa). Tanto é que, originando-se na mesma imprecisão sobre o que se deve entender por *a* (imagem ou objeto?), Lacan nesse momento com muita dificuldade distingue essa identificação de uma outra identificação, esta também imaginária, que ele mesmo diz ser misteriosa, enigmática, com a Ofélia perdida.

– Em 23 de janeiro (atenção, a distância doutrinal permanece pequena, embora seja clara e distinta), não se trata mais de duas identificações imaginárias, mas do movimento regressivo que, no luto, faz o amor virar para a identificação[21]. Ora, no amor a função do objeto *a*, sob seu nome de *agalma*, foi isolada por Lacan, pouco antes de *A angústia*, no seminário *A transferência...*: "ama-se com o que não se tem"[22]. Se "o que não se tem" é também "o que não se tem mais", na medida em que se virou de uma posição de *erômeno* para uma posição de *eraste*[23] (justamente tendo perdido esse *agalma*), então a identificação com o objeto perdido do luto freudiano se explica: é uma identificação que, por via regressiva, reencontraria o objeto que não se tem mais. Mas, se esse objeto é o *a* e não o outro, essa identificação será "com o ser" desse objeto, não com a imagem do outro como objeto perdido. E Lacan coloca os pingos nos ii: (a observação se refere ao caso do enlutado que se identifica regressivamente):

21 Esse mesmo problema será ainda tratado em 30 de janeiro de 1963 (pp. 21-22 da sessão): "Estamos em luto por alguém sobre o qual podemos nos dizer: 'Eu era sua falta' [...] não sabíamos que preenchíamos essa função de estar no lugar de sua falta. O que damos no amor é essencialmente o que não temos; e, quando o que não temos nos retorna, certamente há regressão [*concessão a Freud?*] e, ao mesmo tempo, revelação daquilo em que faltamos à pessoa para representar essa falta. Mas aqui, em razão do caráter irredutível do desconhecimento referente a essa falta, esse desconhecimento simplesmente se inverte, < é > que essa função que tínhamos de ser sua falta, cremos poder traduzi-la agora nisto, que nós lhe faltamos, enquanto que era nisto justamente que lhe éramos preciosos e indispensáveis".

22 *Ibid.*, sessão de 23 de janeiro de 1963, p. 8 da sessão. As citações seguintes são conexas com esta.

23 Com grande proveito se consultará, sobre esse par amoroso, o livro de Claude Calame, *L'Éros dans la Grèce antique*, Paris, Belin, 1996.

Nessa regressão, na qual (a) continua a ser o que ele é, instrumento, é com o que se é que se pode, se posso dizer assim, ter ou não.

É-se amante com esse instrumento: um *a* perdido, encontrado no outro como Alcibíades o localizava em Sócrates. A identificação regressiva de luto conserva para esse *a* sua função de instrumento. Mas esse instrumento se tornou o ser do sujeito quando antes era sua falta em ser[24].

Vê-se, portanto, com relação ao luto, a que ponto foi capital a distinção topológica de duas espécies de objeto e, principalmente, como ela suspende certas incômodas ambiguidades da sessão de 28 de novembro no tocante ao luto.

Essa virada relativa à identificação regressiva do luto caminha junto, afinal, com uma outra e não menos crucial mudança, que nos limitaremos, aqui, a assinalar sem comentar. Em novembro de 1962, o objeto do desejo era Ofélia, tomada como objeto para o qual o desejo se dirigia, como objeto da "intenção desejante" – diremos assim apenas pelo tempo necessário para nos fazermos entender –, em outras palavras, como objeto fenomenológico, como objeto na frente do desejo; em janeiro de 1963, vai se tratar, na identificação regressiva, do objeto causa do desejo, do objeto por trás do desejo, do objeto que, enquanto em falta, faz desejar e não que se deseja.

II – Consequência para o autoerotismo

Outro índice da mudança operada pelo corte instaurador do objeto *a*: uma definição lacaniana absolutamente inédita do autoerotismo vai logo seguir essas observações sobre o luto nesse 23 de janeiro. O autoerotismo é "desordem dos *a*", isto é, "falta de si"; com efeito, esse si será dado com a identificação imaginária do estádio do espelho, identificação que deve a pregnância constituinte da imagem ao *a* (Lacan não diz que o autoerotismo, tal como acaba de reposicioná-lo, quase não mereça mais seu nome, sendo bem mais um alo-erotismo – talvez julgasse já introduzir bastante agitação mental sem ter que, além do mais, bater de frente com os crentes e os fanáticos por Freud).

24 Essa análise confirma a observação de meu estudo da *Erótica do luto* segundo a qual o luto faz do enlutado selvagemente um *eraste* – ao passo que a identificação regressiva o estabeleceria ou restabeleceria como *erômeno*. Ela teria, por isso, um efeito apaziguador, realizaria, ainda que ilusoriamente, que o enlutado não perdeu tudo, já que não recuperaria o objeto perdido que o enluta, mas o objeto cuja perda o fazia amante desse objeto que ele perdeu.

Entrevê-se a importância do que está em jogo aí? Uma paradoxal definição do autoerotismo como essa é impensável no quadro da doutrina freudiana. Esta, com efeito, se dá de saída, axiomaticamente, a existência de um sujeito psicológico, ou de um aparelho psíquico. Portanto, não é apenas a concepção de um sujeito psicológico que aqui se perde, é também o fato de que a esse sujeito psicológico se tenha dado valor, estatuto de axioma que afirmava uma existência: existe um tal sujeito.

Por meio da instauração do ternário SIR em 1953 e agora da invenção do objeto *a*, é a do estádio do espelho em 1936 que continua a fazer estragos na metapsicologia. Aliás, essa subversão da ideia de autoerotismo é, também (como as duas invenções que acabamos de lembrar), uma consequência de uma outra abordagem das psicoses; com efeito, estas praticamente não mais enganam quanto a esse ponto de um sujeito psicológico primeiro e ordenador da experiência: quando é o outro que puxa as cordas, como ousar pretender que o sujeito psicológico é primeiro?

Mas também são as primeiríssimas consequências do nascimento do *a* que nos importam. De fato, algumas das consequências dessa invenção já estão ali, nesse 9 de janeiro de 1963, precisas, construídas, rigorosas.

Imediatamente depois da invenção topo-algébrica de *a*, segue-se, no texto dessa sessão, a extração de um campo que se pode dizer que é o da objetalidade, diferente daquele da objetividade científica como a estética transcendental lhe teria dado suas coordenadas. E não nos surpreenderemos com a menção aqui, por Lacan, do que ele reivindica ter introduzido e que ele chama então de sua "divisão" real, simbólico, imaginário. Nem com a lembrança do não menos inaugural estádio do espelho.

III – Sobre duas espécies bem diferentes de objetos

Tendo convocado esses dados basais, Lacan pode se apoiar no que chamarei de sua "circuncisão" de *a* para, agora, claramente distinguir duas espécies de objeto.

É assim que o matema i(a) muda de valor a partir do momento em que vão ser separados o objeto *a*, objeto sem imagem especular, e o outro minúsculo, que deve ser colocado na classe dos objetos enantiomorfos. Assim, o matema i(a) deve, dali por diante, ser lido de outro modo, embora pareça ser escrito sempre da mesma maneira. Não se lerá mais *i de (a)* – "imagem do outro" –, mas *i* – "imagem do outro" – *de (a)* – "sustentada, em seu brilho, pelo objeto *a*". Essa nova leitura é uma outra formulação da invenção do objeto *a*.

As sucessivas repartições dos traços em uma e outra categoria de objeto se impõem quase por si mesmas, um pouco como, no bridge, pode-se fazer rapidamente toda uma série de vazas a partir do momento em que uma vaza essencial foi obtida.

Evidentemente, são as situações nas quais haveria passagem de um estatuto para um outro de um "mesmo" objeto que prendem o interesse de Lacan, particularmente porque confirmam, até em suas esquisitices, que, com efeito, há duas diferentes categorias de objetos. Lacan menciona o *Unheimlichkeit*, no qual o olhar não é mais sustentado pela imagem especular, ou não se apoia mais nessa imagem, por meio do que há passagem da imagem especular para a do duplo, com o sentimento de estranheza e angústia.

> **[...] eis o ponto no qual algo se passa, algo cuja generalidade, cuja função, cuja presença em todo o campo fenomênico creio que, pela articulação que damos a essa função de *a*, podemos mostrar [...].**

Essa virada da imagem especular para o duplo permite, portanto, uma primeira distribuição: há o objeto trocável, comunicável, e o objeto privado, incomunicável, "correlativo da fantasia", acrescenta Lacan sem explicar mais no momento.

O outro caso de passagem estranha, ou de passagem ao estranho, e que adquire, hoje, toda a sua dimensão, se pensarmos nas questões de doação de órgãos, se refere ao "vou lhe cortá-lo" da mãe castradora. Muito lacaniano nesse ponto, Lacan, longe de se espantar, toma a ameaça na esteira de sua própria lógica, prosseguindo o gesto até suas últimas consequências. Onde ficaria, interroga ele, o objeto em questão, uma vez cortado? Resposta: esse falo mutilado terá se tornado um objeto comum, trocável. Há estranheza a partir do momento em que, assim tomado, essa maneira de fazer do objeto em questão um utensílio infringiria seu estatuto. Ele se torna um objeto fenomenológico (novo traço), deslocável (outro traço), ou, ainda, um objeto compartilhado (mais outro traço).

> **[...] há duas espécies de objetos, os que podem ser compartilhados, os que não o podem. Os que não o podem, quando, de todo modo, os vejo deslizar para esse terreno do compartilhamento com outros objetos, cujo estatuto repousa inteiramente na concorrência (essa concorrência ambígua que é ao mesmo tempo rivalidade e acordo), são objetos cotáveis, são objetos de troca... mas há < outros > – e, se coloquei antes de todos o falo, é, certamente, porque é o mais ilustre no que se refere à castração –, vocês sabem, outros que vocês conhecem, os equivalentes mais conhecidos desse falo, os que o precedem, o cíbalo, o mamilo [...] quando entram [..] nesse campo com o qual não têm nada a ver, o campo do compartilhado, quando aparecem nele, a angústia nos assinala a particularidade de seu estatuto, desses objetos anteriores à constituição do estatuto do objeto comum, do objeto comunicável, do objeto socializado, eis do que se trata no *a*.**

Façamos a lista dos traços diferenciais:

Objeto a	Objeto fenomenológico
não especularizável	especularizável
não trocável	trocável
não comunicável	comunicável
não comum	comum
não compartilhável	compartilhável
não utensílio	utensílio
não deslocável	deslocável
não cotável	cotável
não socializado	socializado
correlativo da fantasia	não correlativo da fantasia
anterior ao objeto comum	posterior ao objeto *a*
tem relação com a perda	sem relação imediata com a perda

IV – Um catálogo que se tornou possível

Uma confirmação essencial, patognomônica do fato de que Lacan está abrindo a trilha de uma distinção sustentável, é a seguinte consequência: dali por diante, é possível constituir um catálogo dos objetos *a*. Com efeito, se há possibilidade efetiva de classificar, de inscrever um qualquer objeto dado dentro (ou fora) dessa lista que se chama catálogo, é, assim observava J. Goody[25], porque há um traço distintivo que funciona, que opera, que anda, isso até o ponto de toda ambiguidade que se apresenta poder ser suspensa; um traço tal que não se pergunta mais (exemplo escolhido por Goody) se o tomate é fruta ou legume. Começar a estabelecer o catálogo dos objetos *a*, como Lacan faz, primeiro mencionando três desses objetos *a* (mamilo, cíbalo, falo), depois dizendo que, em todo caso, haveria cinco deles, é demonstrar, em ato, que dali por diante se dispõe de um critério preciso, capaz, sendo dado um objeto qualquer, de nos dizer se é ou não um objeto *a*.

Claro, já havia na psicanálise algo como uma lista dos objetos pulsionais mais ou menos fácil de realizar. Em 12 de dezembro ainda, Lacan havia falado dos "primeiros objetos, os que foram identificados na estrutura da pulsão", e mencionado o seio e o cíbalo. No entanto, algo ainda estava muito mal determinado na lista dos objetos pulsionais – talvez também porque Freud ensinava que o objeto era, entre os traços que definem a pulsão, aquele que mais independe dela.

– Se nos referirmos à sucessão oral anal genital, a lista dos objetos pulsionais se resume a três. Colocados juntos, eles são, no entanto, um pouco heterogêneos em seu estatuto, já que o falo ao mesmo tempo recuperaria em seu proveito os investimentos que, por essa razão mesma, se chama de "pré-genitais" e já que, reciprocamente, esses investimentos foram reconhecidos na experiência analítica como já fálicos.

– Se, em contrapartida, ampliarmos, como Freud fazia, o registro das pulsões, deveremos acrescentar outros objetos à lista dos três (como o olhar para a pulsão escopofílica). Mas haverá casos nos quais não se saberá bem de que objeto se trata, por exemplo quando se fala da pulsão sádica. Qual é o objeto da pulsão de domínio (*Bemächtigungstrieb*)? Quais diferentes objetos têm as pulsões agressivas (*Aggressionstrieb*) e de destruição (*Destruktionstrieb*)? Em resumo, antes da invenção do objeto *a*, essa lista dos objetos pulsionais não se aguenta muito bem e, nesse 12 de dezembro de 1962, Lacan tenta lhe dar uma certa coerência, dizendo que só se trata

25 A análise da função da lista como J. Goody a faz valer em *La raison graphique* (Paris, Minuit, 1979) é retomada em J. Allouch, *Lettre pour lettre*, ob. cit., pp. 95-96 [Traduzido no Brasil como *Clínica do escrito*, pela Companhia de Freud}.

> **de um dejeto que designa a única coisa que é importante, isto é, o lugar, o lugar de um vazio, no qual virão [*correção manuscrita de* "xoux viendrenx"], eu lhes mostrarei, se situar outros objetos muito mais interessantes [*sic!*], que, aliás, vocês já conhecem, mas não sabem situar[26].**

Em 16 de janeiro de 1963, ou seja, oito dias depois da invenção do objeto *a* e um mês depois da frase citada acima, Lacan, segundo sua fórmula um pouco rocambolesca, "entra no catálogo da série desses objetos". Ele faz isso nos seguintes termos:

> **[...] pois não é verdade, se vocês creem que podem saber a função do seio materno, ou a do cíbalo, vocês sabem que obscuridade permanece no espírito de vocês no que se refere ao falo e, quando se tratar do objeto que vem imediatamente depois, digo a vocês, de todo modo, para dar à curiosidade de vocês um alimento, isto é, o olho [*correção da estenotipia*: ele], vocês já não sabem mais, aí, de jeito nenhum[27].**

Não apenas, a partir da invenção do objeto *a*, haverá uma lista, que além do mais é fechada, dos objetos *a*, mas, além disso, esses objetos listados serão inscritíveis num grafo. Esse grafo registra que há, entre eles, certas relações. Eis esse grafo, em sua forma de V invertido. Ele era inconcebível apenas baseado numa lista imprecisa dos objetos pulsionais e é uma prova do caráter heurístico, no plano clínico, da invenção do objeto *a*:

3 falo
2 anal ◄--► 4 olhar
1 oral ◄--------► 5 voz ⟶ SUPEREU

Esse grafo pode ser chamado de "grafo dos *pisos* do objeto"*, já que é a própria palavra que Lacan utiliza várias vezes[28]. Em 19 de junho de 1963, ele

26 J. Lacan, *L'angoisse*, sessão de 12 de dezembro de 1962, p. 28 da sessão.

27 *Ibid.*, sessão de 16 de janeiro de 1963, pp. 14-15 da sessão.

28 *Ibid.*, sessões de 15 de maio de 1963, na qual (p. 1) ainda se trata de uma "lista", de 22 de maio, na qual (p. 1) o que está em questão são os "estágios objetais", de 12 de junho, na qual (p. 29) se trata "dos cinco estágios, se posso dizer assim, da constituição de *a* nessa relação de S com A [...]", de 19 de junho, na qual (desde a p. 1) os estágios são numerados como estágios, diferentes como tal dos estágios de Abraham. Esta

* A palavra em francês é *étage*, que, além de poder ser traduzida por estágio, pode também, em certos casos, ter uma tradução mais precisa pela palavra "piso" (como cada "andar" de um edifício, por exemplo). (NT)

acaba por numerar os pisos desse grafo, indicando assim duas coisas:

– que se trata de um grafo, como tal orientado;

– que esse grafo comporta um ponto de inflexão no cume, tendo o – φ um estatuto especial enquanto *a*. A tal ponto que se pode também, fazendo uso de um jogo de palavras de Lacan, chamar esse grafo, homólogo em sua forma ao grafo do desejo, de "grafo de fazer o amorrir"*[29], morrer de rir, evidentemente.

O problema assim cifrado nos interessa, pois ele é, indissociavelmente, o do "fazer o amorrir" e o da análise. Por que essa comunidade de problemáticas quando são duas questões no entanto diferentes? Por que o *a* fálico é o piso no qual é operada a disjunção entre desejo e gozo (sessão de 19 de junho de 1963)? Ora, esse é exatamente o negócio da análise como exercício do desejo[30].

Vê-se aqui o alcance da observação referente à notação algébrica, a letra a. Ela abriu a possibilidade de dizer que nessa lista de objetos o que está em jogo a cada vez e ao mesmo tempo é que não se trata nunca de *a*, como mostra, por exemplo, a sessão desse seminário dedicada ao excremento, na qual a função da perda não é referida ao excremento, mas ao falo, na qual a perda do excremento só é tomada, às vezes, como muito problemática na medida em que se trata, então, não de excremento, mas do falo[31].

V – Consequência para a relação sexual

Uma das consequências maiores da invenção do objeto *a* concerne à teoria do "fazer o amorrir", em outras palavras, da foda [*la baise*], termo hoje menos carregado do que a expressão "relação sexual". Como as precedentes, essa consequência está imediatamente presente, engajada. Mas esse engajamento fica como *a minina* e só a continuação lhe dará seu pleno desdobramento. O estudo das etapas dessa continuação não poderia se inscrever nos limites dados a este texto.

---

sessão comporta um esquema (o grafo do objeto) a propósito do qual não se pode evitar de convocar, em sua própria forma, o grafo do desejo.

29 *Ibid.*, sessão de 29 de maio de 1963, p. 17 da sessão.

30 *Cf. Littoral*, nº 27-28, *Exercices du désir*, Toulouse, Érès, 1989.

31 Sobre a função específica do falo, cf. as sessões de 29 de maio, pp. 6 e 17, de 19 de junho, pp. 2 e 3.

* Em francês, *amourir*, expressão que nos parece condensar o amor, o riso e a morte. (NT)

CONCLUSÃO

Concluamos mais em forma de resumo. A invenção do objeto *a* por Lacan em 9 de janeiro de 1963 veio resolver (pelo menos provisoriamente) uma grave crise que seu trilhamento atravessava, ameaçado que estava de contradição interna. A ameaça era real. Sair dela foi resultado de um ato de formalização, mas sustentado por uma passagem ao ato que dizia de seus limites do ponto de vista da transmissão da psicanálise. Do fato de que tenha ocorrido naquele dia um dos raros acontecimentos essenciais do trilhamento de Lacan são prova as consequências que ele mesmo tirou dele quase imediatamente.

TERCEIRA SESSÃO, MANHÃ DE DOMINGO

Esta sessão será dedicada a indicar mais detalhadamente o que se pode entender por erotologia analítica, mas primeiro a lhes dizer como vim a pegar isso em Lacan, exatamente no seminário *A angústia*, após ter passado pela tangente. Dizer assim as circunstâncias, mesmo que sejam das mais contingentes, não é se afastar do ponto vivo da questão.

Pode-se passar tangencialmente por essa erotologia, e vimos que, na visão de Lacan, as consequências desse fiasco, que ele identifica ao da história da teoria psicanalítica após "Análise terminável, análise interminável", foram nefastas. Em *A angústia*, ele se aplica em corrigir a posição, notadamente propondo uma teoria da foda (deveremos logo dizer a razão da introdução dessa palavra). É que não se desloca sem degradação o núcleo do problema da psicanálise, isto é, "o que é propriamente sexual" (Lacan, citado ontem) inclusive na oralidade, ainda que esta possa servir de metáfora para "o que se passa no nível do objeto fálico".

Sublinhar a facilidade desse fiasco, sua quase naturalidade, é dizer que não poderíamos atirar pedras em ninguém a quem isso acontecesse. Também não, portanto, num autor argentino, Roberto Harari, que recentemente publicou um comentário do seminário *A angústia*[1], um livro no qual há interessantes e pertinentes observações, mas que não soube localizar a invenção do objeto *a*. Como essa invenção é engastada, como um diamante

1 Roberto Harari, *El seminario "La angustia" de Lacan: una introducción*. Buenos Aires, Amorrortu, 1993.

no anel, em seu seminário, como, por outro lado, esse seminário a desdobra sob a forma do grafo dos pisos de *a*, esse comentário de *A angústia* acaba por tangenciar a análise como erotologia.

Sobre três fios, de um percurso

A pergunta se apresenta, então: como pôde me acontecer de não mais desprezar... a coisa? Isso se deve, parece-me, retrospectivamente, ao enodamento de três fios que foram também insistências: uma relação reiterada com *A angústia*, uma demarcação reiterada para com "Análise terminável, análise interminável", um questionamento reiterado do "não há relação sexual".

Primeiro fio: *A angústia*. Curiosamente, tive um negócio pessoal[2] com esse seminário. Primeiro, ele foi, por acaso, o primeiro de Lacan ao qual assisti, no hospital Sainte-Anne; eu lhes digo que não apreendi praticamente nada, que não pude receber esse objeto *a* que Lacan ofereceu, em 9 de janeiro de 1963, a seus ouvintes das primeiras filas (eu estava sentado no fundo, um pouco ao abrigo da doação). De todo modo, entendia que o discurso de Lacan era coisa diferente do que, já naquela época, a universidade debitava a Freud.

Menos de dez anos mais tarde, sem que eu estivesse na origem desse pedido, *A angústia* foi o seminário que, pela primeiríssima vez na história do movimento lacaniano, um cartel da escola freudiana pediu a Lacan para poder estudá-lo. Eu fazia parte desse cartel, que eu não havia situado, na época, que era uma espécie de ponta de lança dos jesuítas na escola freudiana. *A angústia* foi, portanto, o primeiro seminário que Lacan tirou de seus arquivos, o primeiro a ter sido fotocopiado, o que lhes prova que os jesuítas estavam, bem melhor que os profissionais[3] (os psiquiatras, no caso), na dianteira do que estava em jogo. Mas também não souberam situar a erotologia. No entanto, bem estavam lá para ter Lacan gratuitamente.

Enfim, terceiro tempo, precisei abrir novamente as fotocópias de *A angústia* em minha tentativa recente de identificar a maneira pela qual La-

2 Kenzaburo Ôe, *Un affaire personnelle*, Paris, Sotck, 1971.

3 No sentido anglo-saxão desse termo, o que Jan Goldstein analisa em *Consoler et classifier*, Paris, Les empêcheurs de penser en rond, 1997.

can teria acabado por situar o psicanalista em fim de partida como objeto *a*. Restituir esse acontecimento teórico à sua estranheza e à sua pertinência tornou-se, com efeito, uma espécie de urgência, tanto é dominante a ideia de que tudo diz respeito ao desejo do psicanalista (uma teoria que, no entanto, se tornou foracluída pela invenção do objeto causa do desejo, verdadeiro fim do hegelianismo de Lacan: o fato de que um objeto cause o desejo põe fim à definição do desejo como desejo do Outro, no qual se supunha que vinha se aninhar o desejo do psicanalista). O próprio Lacan dizia essa estranheza:

> **o ato psicanalítico, que defini de um modo muito audacioso, inclusive coloquei no centro dessa acepção de ser ejetado, à maneira do objeto *a*, é enorme, é novo [...] poder-se-ia berrar, dizer: "Que história é essa? Nunca nos explicaram o fim da análise assim!". O que é esse analista que é ejetado como uma merda?". A merda perturba muitíssimo as pessoas; só há merda no objeto *a*, mas com frequência é a título de merda que o analista é ejetado; isso depende unicamente do psicanalisando; é preciso saber se, para ele, a merda é verdadeiramente o que estava em jogo[4].**

Hoje, ocorre-me pensar, digamos que a título de *Einfall*, de associação inesperada de ideias, que *A angústia* é o seminário de Lacan que traz, mais do que qualquer outro, o vivo de suas palavras. Evidentemente, um argumento em favor dessa opinião é que ele comporta a invenção do objeto *a*.

Segundo fio: uma demarcação reiterada para com "Análise terminável, análise interminável". Esse outro *leitmotiv*, menos ostensivamente presente, interveio para me impelir a passar, com o Lacan de *A angústia*, da análise de uma experiência erótica à análise como erotologia. Vocês encontrarão esse *leitmotiv* em alguns artigos nos quais, justamente, marco uma distância para com "Análise terminável, análise interminável". Em 1984, em "Une femme a dû le taire", o caso de *La traviata*, observei eu, indicava que, ao apresentar dois problemas distintos, um para o homem, outro para a mulher (recusa da feminilidade *versus penisneid*), Freud colocava o problema do fim da partida analítica em termos que o tornavam insolúvel[5]. Com efeito, Alfredo, por meio de Violeta, consente, para terminar, na versão paterna. Diante de um

4 J. Lacan, *L'acte psychanalytique*, sessão de 27 de março de 1968, inédito.

5 J. Allouch, "Une femme a dû le taire", *Littoral*, nº 11/12, *Du père*, Toulouse, Érès, fév., 1984, p. 93.

pai que erige sua reputação, ele "aceita sua feminilidade" (dizendo nesses termos grotescos – mas nunca um grego ou um romano teria identificado como "recusa da feminilidade" o se fazer penetrar pelo pai! Que erro grosseiro! Que falta de discernimento e até de anatomia!), justamente, pela via de uma mulher que se faz de sua filha, recusando, ela, à incitação dessa mesma *père-version*, sua feminilidade! Isso está em jogo, dizia eu então, pelo menos a três, pois o público, como sabem todos os que viram e ouviram os coros de *La traviata*, faz parte da história.

Ora, eu ia reencontrar essa demarcação para com a partição do problema erotológico em um lado homem e um lado mulher, como encontramos em "Análise terminável, análise interminável", dez anos mais tarde, na oportunidade da publicação, na França, do primeiro tomo da correspondência Freud / Ferenczi. Ferenczi está presente, como caso, em "Análise terminável, análise interminável". E a leitura dessa correspondência ia me provocar a dizer, na linha direta do que havia sido articulado com *La traviata*, em que essa maneira de fazer caso era redutora e errônea. Retomaremos isso em detalhes daqui a pouco.

Terceiro fio: "não há relação sexual". Ao mesmo tempo que eu estudava *La traviata*, fazia meu o "não há relação sexual" de Lacan da única maneira pela qual, na minha opinião, se pode fazer seu um enunciado: interpretando-o. Se escrever é escrever o escrito, como atesta a transliteração, como ensina a história da escrita, o sexual, porque não deixa rastro, não se presta a essa operação; portanto, também não se presta a fazer relação, isto é, a ligar, por um conector lógico, duas letras que designariam dois conjuntos, um conjunto homem e um conjunto mulher. É a famosa frase de Salomão, que, na época, eu confundi (por causa de Lacan?) com um provérbio árabe[6] do qual se encontra uma tradução na epígrafe do capítulo II do *Salon du Wurtemberg*, de Pascal Quignard[7]:

6 J. Allouch, *Lettre pour lettre*, Toulouse, Érès, 1984, p. 317. Em 27 de março de 1963 (*A angústia*), Lacan cita, traduzindo parcialmente do latim, o texto "atribuído a Salomão": "*Tria sunt difficilia mihi*, diz ele, o rei da sabedoria, e *quartum penitus ignoro*, há quatro coisas sobre as quais não posso dizer nada, porque não resta delas nenhum rastro [*trace*], *viam aquilae in coelo*, o sulco da águia no céu, o da serpente na terra, o do navio no mar e *viam viri in adulescentula*, e o rastro do homem – o acento é colocado aí – na mulher".

7 Pascal Quignard, *Le salon de Wurtemberg*, Paris, Gallimard, 1986, p. 55. O Wurtemberg é também o país de Ernst Wagner (cf. Anne-Marie Vindras, *Ernst Wagner, Robert Gaupp: un monstre et son psychiatre*, Paris, EPEL, 1996).

Há quatro coisas que eu não sei:
o caminho da águia no céu
a senda da serpente no rochedo
o caminho do navio em alto mar
a senda do nome de um homem no coração de uma mulher.

Não é muito fácil se dar conta de uma coação que se manifesta a partir do momento em que se coloca a questão da relação sexual, isto é, que essa questão barra qualquer problemática seja quanto à "sexualidade feminina" ou à "sexualidade masculina", ou, mais simplesmente ainda, ao masculino ou ao feminino. Esses objetos teóricos são daí por diante reconhecidos como mal constituídos. Eles alimentam os discursos dos sexólogos, daqueles que, desde seu congresso internacional do mês de agosto passado na Espanha, declaram a alto e bom som que o sexo é um patrimônio (sim sim sim) e, como tal, tem direitos. Quanto a nós, organizar um colóquio cujo objeto fosse, por exemplo, "a sexualidade feminina" se tornou, por graça de Lacan, uma besteira. Encarar a psicanálise como uma erotologia impede, justamente, instituir, no início de qualquer questionamento analítico, um homem ou/e uma mulher. Aliás, basta começar dizendo "um homem" e "uma mulher" para estabelecer entre eles uma relação, nem que seja uma relação de significantes no sentido da linguística saussuriana. Pegar o problema em sua raiz erótica é, ao contrário, interrogar a relação. Portanto, levar em conta e tentar explicar alguns fatos (como o *Vorlust*, o prazer preliminar, tão contrário ao princípio de prazer; ou a satisfação, ou ainda o período refratário), sobre os quais a psicanálise é, antes, silenciosa e que deixa para o sexólogo, sem nem mesmo perceber esse descarte. Ora, como a palavra "relação" não convém, em todo caso não convém *a priori*, depois das palavras de Lacan a respeito dela, é preciso introduzir um nome: Diremos: a foda [*la baise*[8]].

8 O referente dessa palavra apresenta um espectro tão amplo que, de saída, compromete a continuação. Vamos dar os dois limites com duas citações. Lacan (*RSI*, sessão de 11 de março de 1975): "Pois apenas os significantes copulam entre eles no inconsciente; mas os sujeitos patemáticos que daí resultam sob a forma de corpo são conduzidos, meu Deus, a também fazerem isso. Eles chamam isso de 'foder'! Não é uma fórmula ruim, pois algo os adverte de que nada melhor podem fazer além de sugar o corpo significado como outro, outro apenas por algum escrito de estado civil. Para gozar dele, o que se chamaria gozar como tal, seria preciso cortá-lo em pedaços [...]". E, opostamente a essa observação mais para apoliniana, Calame, que assinala que o próprio Dionísio, em seus excessos, foi chamado de *Oipholios, o Fodedor* (Claude Calame, *L'Eros dans la Grèce antique*, Paris, Belin, 1996, p. 155, nota 15).

Eu entrevia, a partir de um certo momento, a dificuldade assinalada acima. Primeiro, em 1984, observava o caráter precário do "não há relação sexual"; depois, em 1987, me reconciliava com essa precariedade num texto ironicamente intitulado "Um sexo ou o outro"[9]. Irônico porque nele eu mostrava, estudando a problemática da segregação urinária, que, justamente, não estava consolidado o pertencer a um sexo ou a outro, embora a gente se empenhe para que seja assim. Se um sexo pode apenas ser declarado, como Lacan dizia, a segregação sexual não se aguenta, mesmo sob sua forma mais socialmente estabelecida, a da segregação urinária.

É, portanto, esse cruzamento de três insistências – no seminário *A angústia*, no caráter insatisfatório do artigo "Análise terminável, análise interminável", na precariedade da fórmula "não há relação sexual" – que, creio, explica que me tenha acontecido acolher, hoje, enfim, as palavras de Lacan, em 1962-63, sobre a erotologia psicanalítica. Há ainda uma dificuldade a superar. Nós o vemos ainda pelo fato de que, no número 23/24 de *Littoral*, o artigo "Um sexo ou o outro" é seguido de um artigo intitulado, da mais contralacaniana maneira (ela tem todas as aparências do lacanismo), "Entre o homem e a mulher há o *a-mur**". Mas não, não há nada entre o homem e a mulher, já que, para que houvesse alguma coisa, seria preciso que homem e mulher já tivessem seus lugares, que até se avizinhassem e, portanto, estivessem já em relação.

Uma partida fina

A psicanálise só se situará como uma erotologia abandonando a partição homem mulher. Ela se constituiu como erotologia pegando um outro ponto de partida, sob um outro ângulo, aquele que se situa tomando as coisas de viés, talvez no sentido em que Felix Guattari falava de "uma transferência lateral". Para fazer valer a presença, a insistência, a consistência dessa erotologia analítica, não encontrei, portanto, viés mais adequado, para hoje, do que reler com vocês a correspondência Freud / Ferenczi.

---

9 J. Allouch, "Un sexe ou l'autre. Sur la ségrégation urinaire", *Littoral*, nº 23/24, *La déclaration de sexe*, Toulouse, Érès, oct. 1987.

* *Mur* é parede, muro, obstáculo, *a-mur* pode ser relacionado a "amor" (*amour*) por homofonia. (NT)

Foi uma surpresa, mas foi forçoso constatar: a *Correspondência Freud Ferenczi* acaba por entediar[10]. Como explicar esse tédio? Claro, o livro que temos em mãos se apresenta como um objeto fabricado não apenas pelo dono da gráfica; ele é fruto, da parte dos editores e tradutores, de certas escolhas que não são neutras, ainda que pensem que sejam bem-vindas ou até mesmo as melhores. Algumas dessas escolhas são gerais. Por que se publica a correspondência de Freud dualizando-a? Há aí, incontestável porém insidiosa, a intervenção de uma censura. Ao publicar dessa maneira bifocal as correspondências, como no cinema um diálogo filmado no campo / contracampo, faz-se virar as histórias para uma *two-bodies-psychology*, com esse resultado de aproximar (crê-se – é um semblante) cada correspondência assim encenada da dita "situação" analítica. Freud, psicanalista de todos! E sem nenhum contato entre os irmãos! Essa encenação bifocal acaba por entediar. Isso me pareceu garantido quando, lendo o que nessa correspondência se referia, cada vez mais claramente, à *partida fina a quatro* (Freud, Ferenczi e suas duas parceiras femininas, sobre as quais não se pode dizer que viriam a ser parceiras de Freud, pois de cara já o eram), me vieram ao espírito as duas palavras "ligações perigosas" [*liaisons dangeureuses*][11], que logo escrevi, na margem, na página 348 da obra. Com efeito, num dos mais ilustres romances libertinos escritos, a plurifocação é um elemento capital do prazer do leitor. É uma ideia bem estabelecida pela crítica literária que a felicidade extraída da leitura das *Ligações perigosas* [*Liaisons dangereuses*] vem, em grande medida, da mudança de estilo das sucessivas cartas, tendo cada um dos protagonistas o estilo de seu papel no jogo libidinal, com o que essa variedade oferece de leituras de duplo sentido, com, igualmente, alguns momentos polifônicos próximos do que de felicidade a ópera oferece[12].

Se o que foi inicialmente apenas uma associação de ideias resiste à prova da crítica, não remete apenas à minha idiotia, será preciso concluir que o surgimento da psicanálise terá dado lugar, nesse início do século vinte, ao retorno de uma certa libertinagem, uma libertinagem que não é essencial-

10 Sigmund Freud Sandór Ferenczi, *Correspondance*, 1908-1914, T. 1, Paris, Calmann-Lévy, 1992.

11 Sim, com esse erro de ortografia então despercebido e que é da ordem do *lapsus calami*, tanto é verdade que há uma felicidade, que há "feliz" [*heureuse*] nesse perigo que os anjos assim ligados correm.

12 Cf. o prefácio, os comentários e as notas de Béatrice Didier na edição Le livre de poche, Librairie Générale Française, Paris, 1987, pp. VII a XXIII, depois pp. de 537 a 602.

mente menos ousada[13] do que a da grande época do século XVIII, mas que não se reivindica como tal – embora muitas pessoas tenham se dirigido a Freud porque encontravam nele algo diferente da erotologia dominante em Viena e em outros lugares da Europa, a saber, o puritanismo.

Com Ferenczi, essa libertinagem já se encontra claramente indicada na oscilação entre o divã analítico e o leito. Ferenczi tem uma analisanda-noiva que ele transporta do divã ao leito e do leito ao divã (um divã no qual lhe acontece conhecer biblicamente uma mulher, transformando-o então em leito). A analisanda noiva também passa de divã em divã, pois Ferenczi a envia para análise com Freud antes de recuperá-la, se assim ousamos dizer, para o seu, que a partir daí se tornou casto. Mas eis o traço libertino por excelência: aconteça o que acontecer, Ferenczi toma cuidado de implicar nele Freud, nem que seja ao escrever-lhe sobre o acontecimento.

Colocar em paralelo a *Correspondência Freud Ferenczi* e a obra de Choderlos de Laclos é pertinente? Até onde? Uma maneira de decidir é se perguntar se isso tem um valor heurístico, se ler essa correspondência tendo como grade de leitura o texto *As ligações perigosas* revela algo que aí se encontra efetivamente. Trata-se do que podemos chamar de uma estrutura a quatro.

Tomado como ele entre duas mulheres (a jovem e a velha) e um confidente, Sandor é Valmont (às vezes sob a forma de seu duplo[14], o Chevalier Danceny). A moralista, sábia e tenazmente fiel Gizella aparece como um avatar da primeira dama de Tourvel, a qual tem como duplo a Senhora de Volanges, cuja filha Cécile está no lugar de Elma. Valmont, é verdade que com menos inibição do que Sandor, dirige seu desejo sexual ao mesmo tempo a Cécile e à primeira dama de Tourvel, assim como Sandor pondera entre Gizella e Elma. Mas o eixo maior das *Ligações perigosas* é, evidentemente, o laço do visconde de Valmont com a marquesa de Merteuil, que é como o caldeirão de onde parte e para onde volta tudo o que acontece em outros lugares, da mesma forma como o que se passa nos dissabores amorosos de Sandor com as duas mulheres, durante todo o tempo em que as coisas estão críticas,

---

13 Freud censura de sua *Traumdeutung* os sonhos sexuais, quando acha absurdo que essa mesma censura tenha atingido a tradução alemã de Artemidoro! Ele apresenta como razão "as questões ainda obscuras das perversões e da bissexualidade" (Paris, PUF, 1967, p. 515, n. 1).

14 Valmont escreve que entre o Chevalier Danceny e ele mesmo há apenas a diferença de um mais ou menos (Choderlos de Laclos, *Les liaisons dangereuses*, Livre de poche, p. 155).

não para de ir e vir nas questões comuns Ferenczi-Freud. Ora, a marquesa de Merteuil nos parece uma ótima encarnação de Freud, até mesmo sua figura premonitória, ou, se se preferir, um rascunho de Freud. Se essa figura de Freud como marquesa de Merteuil faz dele um libertino, observemos, antes de pôr à prova essa identificação, que ela situaria as acusações de pansexualismo de que ele foi objeto como um retorno da condenação dos libertinos no século XVIII (a "sodomia"[15] de Sade o conduz à prisão, o que era pouco, já que o crime era então passível da pena de morte). Eis, esquematizada, essa mesma estrutura a quatro:

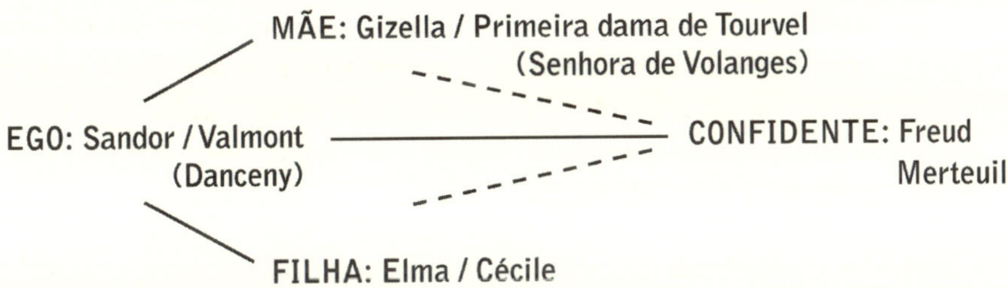

Ela comporta um mesmo personagem de exceção. A identificação de Freud como marquesa de Merteuil, por ser inesperada, parece abusiva? Como cada uma das outras, sob diversos aspectos, ela o é. A marquesa, que se saiba, não inventou a psicanálise. No entanto, há um traço comum mais do que chocante entre ela e Freud, além do fato capital de que ambos concebem o acesso ao objeto desejado como uma conquista: Freud e a marquesa são, ambos, personagens excepcionais, que se apresentam como tal na "cena do mundo" e obtêm o reconhecimento desse estatuto. Esses seres de exceção, por um certo "trabalho" sobre eles mesmos (encontra-se o termo "obra", e a esse propósito, em *As ligações perigosas*), se elevaram acima dos outros mortais. Para Freud, basta mencionar a autoanálise e a posição, tomada logo depois de sua ruptura com Fliess, de nunca mais ter *alter ego*.

15 Entre aspas para assinalar a inconveniência dessa palavra, que mistura confusamente dois atos extremamente diferentes. Não há um sodomizador e um sodomizado, colocados por um mesmo termo sob o mesmo índice, mas um ato de intromissão e um outro, este considerado ignóbil por toda a Antigüidade grega e romana, seja ele feito por um homem ou uma mulher.

E a marquesa? Ela foi, certo dia, tocada no ponto mais sensível de seu amor-próprio por Valmont, que se permitiu lhe dar um conselho para a realização de um empreendimento que ela estava começando. E pensamos aqui no terrível e selvagem enganchamento entre Freud e Ferenczi na Sicília, na recusa de Freud a Ferenczi, depois de Ferenczi a Freud, esta última tendo o estatuto de um "desafio"[16]. A marquesa responde a Valmont por uma carta verdadeiramente instauradora, pois é o exato equivalente da lenda do herói que funcionou tão bem no grupo analítico sob o nome de autoanálise. A parte dessa carta LXXXI dedicada ao autoengendramento começa por:

> **Ah! guarde seus conselhos e seus temores para essas mulheres delirantes e que se dizem sentimentais; cuja imaginação exaltada faria crer que a natureza colocou seus sentidos na sua cabeça; que, não tendo nunca refletido, confundem sem parar o amor e o Amante; que, em sua louca ilusão, creem que aquele com quem buscaram prazer é o único depositário dele [...].**

Temos aí uma antecipação da pulsão com seu objeto sempre já substitutivo. Não é por ter feito valer, antes de Freud, essa pouca importância do objeto na ordem pulsional que o libertino se viu condenado? Mas leiamos, um pouco adiante, a colocação em ato da lenda do autoengendramento:

Digo *meus* princípios e os digo expressamente; pois eles não são como os das outras mulheres, tirados ao acaso, são fruto de minhas profundas reflexões; eu os criei e *posso dizer que sou minha obra* [grifos meus].

Vê-se aqui que seria muito errado imaginar que o libertino é um sujeito sem princípios[17]. Como Freud, ele os inventa (princípio de constância, de

16 "Você tinha razão de me fazer observar, durante minha primeira viagem a Viena, na qual lhe revelei minhas intenções matrimoniais [com Elma], que tinha notado no meu rosto a mesma expressão de desafio que tive em Palermo, ao recusar trabalhar com você", *Correspondance*, p. 373.

17 Marcada como pansexualista, a psicanálise, no entanto, nunca deixou de inventar princípios. A começar pelo "princípio de prazer", que Freud chamará primeiro de "princípio de desprazer". Segundo esse princípio, o prazer corresponde a uma redução, o desprazer a um aumento de tensão. Ora, se é exato que a "escalada" do prazer preliminar (*Vorlust*, a ser traduzido: "gozo preliminar", já que não se trata de prazer no sentido do princípio freudiano) equivale a um aumento prazeroso de tensão, esse *Vorlust* (na falta de uma física aristotélica que diria que assim o falo encontra seu lugar próprio, na falta de uma física moderna que explique que ao subir no ar o balão dirigível obedece ainda às leis da gravidade) objeta ao princípio de prazer. E inclusive de uma maneira redobrada: I/ no nível do fato: esse aumento de tensão é experimentado como um gozo, II/ num nível de princípio (deve-se dizer), o *Vorlust* levanta um problema, pois, por definição, é excluído que, seja o que for, isso vá na

direção de um princípio, ou então será preciso declarar que isso não é um princípio – a não ser que se escolha um outro princípio. É verdade que a concepção de um "nível mínimo" de tensão vai remeter, em Freud, não tanto ao princípio de prazer, mas ao princípio de constância, presente já nos *Estudos sobre a histeria* e sobre o qual Freud dirá, em 1920, que é o fundamento econômico do princípio de prazer. Esse princípio de constância tenderia a manter as tensões num nível tão baixo quanto possível, ou, pelo menos (ambigüidade de todo modo um pouco deplorável para um princípio), num nível tão constante quanto possível. Mas o enfraquecimento dos princípios não fica aí, pois o "tão baixa quanto possível" do princípio de constância remete evidentemente a um grau zero de tensão, ao que Freud, desde o *Entwurf einer Psychologie* de 1895, chama de "princípio de inércia". Segundo esse outro princípio, os neurônios tenderiam a se esvaziar completamente das quantidades de excitação. De onde o aprofundamento do deslize: visto a partir desse princípio de inércia, o princípio de constância não teria mais nada de principial, seria "uma função secundária imposta pelo uso da vida". O próprio princípio de inércia receberá na continuação (em 1920) o nome de "princípio de nirvana", vindo a Freud tardiamente da noite dos tempos da tradição hinduísta, por Schopenhauer e Barbara Low.

De acordo com uma certa solução do problema, mas que continua passavelmente confusa, já se disse que o prazer/desprazer corresponde a sensações subjetivas das tensões, enquanto o princípio de constância pautaria as quantidades de excitações, sua economia própria. Daí se seguiria uma possibilidade que não existiria se os dois princípios fossem, ambos, de ordem estritamente econômica, a saber, que uma sensação de prazer possa acompanhar um aumento de tensão. Rigorosamente, isso é contraditório: estando o prazer ligado a uma diminuição de tensão, como admitir que se produziria sobre um fundo de um aumento dessa mesma tensão? No entanto, em *Jenseits des Lustprinzips*, em 1920, Freud tenta explicar que pode haver tensões prazerosas. E é famosa a frase: "[...] desprazer para um sistema e ao mesmo tempo satisfação para o outro". A explicação é abstrata demais para poder ser aplicada à foda, na qual não se vê, por exemplo, qual sistema viveria como desprazeroso o prazer preliminar.

Concluamos essa breve evocação por uma observação exclamativa: é louco aquilo pelo que, tratando-se da foda, a psicanálise se viu mergulhada em princípios! Além do mais, princípios que não são princípios! A doutrina "pansexual" de Freud não parou de tentar fundar a sexualidade em princípios cuja própria multiplicidade testemunha que não são princípios. Tanto que se pode dizer que a fórmula de Freud, confrontada com o lacaniano "não há relação sexual", terá sido "não há princípio sexual". E decerto é a esse duplo movimento de instauração de um princípio organizador da sexualidade e de fracasso dessa instauração que a psicanálise deve, do tempo de Freud, seu alcance liberador da sexualidade.

A fórmula exata de Freud seria: "não há princípio sexual... que se agüente". Confrontada com essa fórmula, aquela, homóloga, de Lacan se revela como de outra ordem: não tanto ética quanto lógica. Os princípios freudianos têm a aparência dos princípios no sentido que essa palavra tem nas ciências duras (o modelo delas é bem o princípio de inércia, o horizonte filosófico é bem o fisicalismo vienense do tempo de Freud); entretanto, eles participam, sub-repticiamente, a despeito ou graças a seu valor científico, do princípio moral. Senão a psicanálise não seria uma erotologia. Senão ela não cairia tão facilmente numa ética. É justamente porque seus princípios podem ser tomados como princípios éticos que é decisivo se proibir de homologá-los como tal. Em outras palavras, a questão é manter-se no fato de que *seu valor ético é contingente e não necessário*. Pois só há ética, a partir de Kant, fundada em razão, na necessidade do comando. Em outras palavras, fora do campo do que é agradável ou desagradável, prazeroso ou não, doloroso ou não.

Esse estatuto moral dos princípios freudianos foi metonimicamente assinalado por Lacan: "Pois essa famosa menor tensão cujo prazer Freud articula, que outra coisa ela é a não ser a ética de Aristóteles?" (*Télévision*, Paris, Seuil, 1973, p. 36). Isso se mostra ainda mais claramente no fio de uma formulação de Jean-Claude Milner (*Le triple du plaisir*, Paris, Lagrasse Verdier, 1997). Falando da sexualidade antiga, Mi-

prazer, de realidade, de Nirvana). O libertino é alguém que tem um claro e franco cuidado de se manter estritamente em seus princípios.

> **[...] a partir desse momento, minha maneira de pensar foi para mim única [...].**

Pensa-se aqui no *affaire* Fliess e no célebre "tive êxito onde o paranoico fracassa"[18], na maneira como Freud fez valer, com Ferenczi, que houve ali, para ele, uma experiência decisiva, mas dali por diante trancada atrás de um verdadeiro ato de um mestre: não voltará a isso. Dali por diante, ele definitivamente conservará uma aposta [*mise*] que nunca mais re-apostará [*re-miserait*] por tê-la alojado no depósito [*remise*] de seu foro interior.

> **Esse trabalho sobre mim mesma* [...] eu ganhava nele esse golpe de vista penetrante no qual, no entanto, a experiência me ensinou a não me fiar inteiramente, mas que, em todo caso, raramente me enganou.**

---

lner parte de um julgamento do qual não compartilho, que ele mesmo quase não justifica, mas cujas conseqüências tira rigorosamente. Segundo Milner, o paradigma fundamental da sexualidade antiga é a incorporação. Pascal Quignard, ao qual Milner reserva algumas alfinetadas (cf. pp. 52 e 57) sem discuti-lo verdadeiramente, é mais exato quando diz que esse paradigma é a caça (o que corresponde também à análise de outros autores: Claude Calame, que estudaremos, mas também René Thom, com seu modelo do predador, ou ainda Alain Schnapp; cf. bibliografia). Mas não é essa a presente discussão. Segundo a leitura milnereana, o interdito do canibalismo encontra uma via de saída na hospitalidade, na amizade filosófica que é a própria filosofia (sabedoria do amor mais que amor da sabedoria). Ao invés de comer meu amigo, recebo-o, deixando-o ser, na minha casa, o estranho que ele é, em outras palavras, não o assimilando. Mas o cínico recusa essa solução. Como ele sai dessa? Milner escreve: "Convém [*então*] restringir, tanto quanto se puder sem morrer, as ocasiões de encontros entre coisas e corpos e entre corpos. É esse o verdadeiro alcance da definição do prazer como ausência de dor".

Ora, o princípio freudiano do prazer, como princípio de redução das tensões, participa dessa definição do prazer-alívio. Se, então, ele é, nos cínicos, um princípio moral (a prova: ele vem no lugar do princípio de hospitalidade), não há razão para que não seja um princípio moral também em Freud.

E é também o que explica que, segundo Freud, não havia ética da psicanálise. Pela razão de que a psicanálise, em seus princípios ("em seus princípios", não "sempre" ou "em tudo", também não "em o que quer que seja que se origine nela"), era uma discreta ética. *Discreta* no que, sendo uma ética tomada como ciência, submetia a ética à experiência metodologicamente regrada e podia admitir – o que ela fez – que seus princípios não funcionassem.

18 *"Mir ist das gelungen, was dem Paranoiker misslingt"*. Cf. Guy Le Gaufey, "Ce que le paranoïaque ne réussit pas", *Littoral*, nº 3/4, Toulouse, Érès, 1982, p. 155.

* Em francês, o *moi-même* não identica o gênero gramatical de quem escreve a frase. (NT)

Abatida em meu coração, estudei o dos outros. Vi que não há ninguém que não conserve um segredo que lhe é importante que não seja desvelado [...]. Nova Dalila, eu sempre, como ela, usei meu poder de descobrir esse segredo importante. Eh! de quantos sansões modernos não tenho a cabeleira na tesoura!

Quem escreve? Freud ou a marquesa de Merteuil? É ela quem faz uso de seu trabalho sobre si mesma como Freud fez sua autoanálise, com esse mesmo resultado, publicamente reivindicado, de posse de si e de possibilidade de domínio do outro, um resultado que dali por diante ninguém pode contestar, que é pegar ou largar. Não é um dos traços mais chocantes dessa *Correspondência Freud Ferenczi* que sua ligação, por íntima que fosse, deixe Freud absolutamente imutável?

Mas a prova da libertinagem analítica da época "pioneira" da psicanálise não parece residir essencialmente no paralelo que se pode fazer, de fato até um certo ponto, entre as duas "situações dramáticas" das duas partidas finas a quatro. A prova mais pertinente consiste essencialmente na maneira como se opera com as cartas, a maneira como são escritas, a maneira como circulam. E nos lembraremos aqui da repulsa de Freud ao telefone. Ela não foi um sintoma (muito frequentemente, ao contrário, é telefonar facilmente que o é). Não obstante, a censura que eu evocava no início (a bifocalização da correspondência de Freud), e justamente no lugar em que essa bifocalização não funciona mais, isto é, a propósito da partida fina a quatro, fica evidente, se nos interessarmos pela incidência da carta como tal, não mais como um paralelo, mas como uma verdadeira identidade de função entre *As ligações perigosas* e a *Correspondência Freud Ferenczi*. Vamos mostrá-la.

Como pôde acontecer de termos hoje em mãos essas cartas de conteúdo frequentemente tão íntimo? De todo modo, não vamos nos refugiar na resposta que louvaria seu interesse científico para nós para ficarmos quites com a questão. Se as temos em mãos, é porque, de uma certa forma, por não terem sido colocadas na "lata de lixo" de que fala Ferenczi, quer dizer, a de Freud[19], elas nos estavam destinadas; assim como nos são destinadas essas cartas com as quais o século XVII fazia romance. É plausível ler a *Correspondência Freud Ferenczi* como um equivalente do romance por cartas (o que se conjuga com

19 Cf. a carta 80 Fer da *Correspondance*.

o estatuto freudiano do caso). Permanentemente, ambos fizeram muito para que essas cartas passassem para a posteridade; e nenhum deles poderia ignorar, de jeito nenhum, ao escrever uma, depois tal outra carta, que ela não estava (somente?) destinada àquele a quem ela se dirigia. Como em *As ligações perigosas*, os endereçamentos são enganosos; e, portanto, de cara é igualmente enganosa a própria carta, com o que se diz nela. Aliás, entre o endereçamento manifesto e nós (a posteridade), as cartas, como em *As ligações perigosas*, eram com frequência lidas por aquele ou aquela por quem elas transitavam, ou por tal outro para quem aquele que a havia recebido se apressava a encaminhá-la; as cartas mudavam de endereçamento com uma incrível facilidade, ou, em outras palavras: os endereçamentos eram extraordinariamente... flutuantes. Essa misturada, essa confusão dos endereçamentos, esse labirinto das frases no qual algo é dito a alguém mas para ser levado para um outro, a fim de obter neste outro um certo efeito, até mesmo um certo ato, obtendo também algo daquele que serve de *go between*, não é apenas isomorfo ao que está em jogo no plano libidinal, pois serve, verdadeiramente, às localizações e deslocamentos libidinais. A carta não é, aqui como na análise, essencialmente consagrada à circulação da informação, ela mesma é ato, portanto pautamento do gozo, confissão de gozo, manobra, ocasião de gozo.

Assim, o encontro de Ferenczi com Gizella, primeira mistura libidinal, é de cara dirigido a Freud: "Não estou tão sozinho quanto você supõe"[20], escreve-lhe ele, anunciando a novidade. E Freud ficará ali, constantemente presente entre os dois, nem que seja pelo viés dessa "comunidade analítica"[21] que Ferenczi não pára de querer realizar com Gizella e com Freud. Ferenczi não "informa" Freud sobre o que lhe acontece quando encontra Gizella: ao informá-lo, ele o desafia, e esse desafio faz intrinsecamente parte de sua ligação com Gizella. Mais globalmente, parece que se pode admitir que haveria, libidinalmente, em Ferenczi, uma certa compatibilidade entre o investimento de Freud e de Gizella (afora o fato concomitante e evidentemente maior da ausência de desejo sexual por Gizella), enquanto há incompatibilidade entre o investimento libidinal dirigido a Elma e esses localizados em Freud e Gizella[22]. Entre essas duas figuras

20 *Correspondance*, p. 78.

21 *Ibid.*, p. 196.

22 A carta 252 Fer (página 328) parece uma das mais suscetíveis de apoiar essa apresentação de conjunto. Ferenczi nela menciona um momento de retração de investimento libidinal que ocorre paralelamente com

(ou Elma e com ela uma possível paternidade, ou Freud/Gizella[23]), as coisas não param de oscilar sem nunca poderem se estabilizar, e a circulação das cartas e das pessoas, assim como os jogos entre divãs e leitos, não param de marcar, na sua própria mistura, os tempos dessa oscilação.

A carta 268 Fer é um representante particularmente exitoso desses procedimentos epistolares, ela se encontra justamente nessa página 348 da obra na qual eu tinha escrito, aliás sem na época ver a ligação, as duas palavras "ligações perigosas" [*liaisons dangeureuses*]. Ferenczi, nessa carta, comunica a Freud o conteúdo da carta que Elma, então em análise com Freud, havia escrito a Gizella, a qual a havia, realmente, dado a Ferenczi!!! Eis como ele apresenta a Freud seu ato de divulgação (é, rabelaiseanamente falando, de se esborrachar de rir):

> **Como Elma tem tendência a esconder certas coisas, ou melhor, a expô-las em outros lugares, quero, no interesse de sua análise, lhe comunicar o conteúdo de sua carta de hoje.**

E se fica surpreso de Elma, no divã de Freud, ficar calada! Essa circulação absolutamente aberta da carta (aberta mas não completando a volta: nada mais restará a Freud além de remetê-la a Elma para que o circuito pareça fechado, nada mais tendo Elma a fazer além de reincorporar seu vômito) corresponde então, exatamente, a um grau zero da análise.

A frase que tinha feito com que eu associasse com "ligações perigosas" [*liaisons dangeureuses*] está três linhas antes da passagem acima citada. Ei-la:

> **Por outro lado, trabalho em algo difícil de realizar: certificar-me do amor da Senhora G. no caso de casamento com E.**

Temos aí, com sua dimensão de *performance*, um típico projeto libertino. Inclusive por ser anunciado e esse anúncio já ser, como em *As ligações perigosas*, o começo de sua realização – nem que fosse porque o anúncio põe

---

relação a Freud e a Gizella, enquanto surgem então "fantasias de casamento com Elma".

23 Afinal, sabe-se, Freud sairá (mas não totalmente) vencedor dessa luta na qual, segundo seus próprios termos, "o velho amigo grisalho" vence "a arrebatadora mulher" (*Correspondance*, p. 344). E é então a morte como terceira mulher, aquela que, segundo ele, depois da mãe e da amante, o homem deve escolher, que ele oferece como pasto a Ferenczi (*Correspondance*, p. 407), o qual fica doente no momento mesmo em que aceita fazer dela a freudianamente eleita de seu coração.

Freud na história, deixando-lhe a possibilidade de ser um cúmplice ou não da proeza (ele tem os meios para intervir, notadamente influenciando Elma, mas também com Gizella, que confia nele, ou ainda e mais simplesmente, não se colocando contra o projeto, já que "quem cala consente").

Sinceridade / Verdade

Não é curioso que a comunidade analítica tenha sido tola a ponto de o próprio Lacan chamar a escola húngara de Ferenczi de escola da sinceridade? Na *Correspondência Freud-Ferenczi-Gizella-Elma*, assim como em *As ligações perigosas*, o estatuto da carta não é o de levar a verdade ao dizer (tudo é enganoso pela questão da sinceridade); ele regula em ato os jogos de um gozo fálico que, ausente quase em todos os lugares sob seu modo genital, está presente em todos os lugares nessa discreta, mas efetiva, mas libertina perversidade da *Correspondência*. A libertinagem analítica é a das *Ligações perigosas*, excluída a foda.

Certo, a regra de associar livremente não é equivalente à que se formularia: "Diga a verdade". A sinceridade não é, portanto, uma condição necessária da prática analítica. Mas como então não ver que essa libertinagem analítica, embora ratifique o estatuto da psicanálise como erotologia, modifica o próprio conceito de verdade?

Assim confluímos com e confirmamos Lacan que, quase ao fim de seu percurso analítico, declarava:

> **O único real que verifica o que quer que seja é o falo, na medida em que eu disse há pouco de que o falo é o suporte, isto é, do que sublinho nesse artigo ["A significação do falo"], isto é, da função do significante na medida em que ela cria todo significado. Ainda é preciso, acrescentarei para retomar na próxima vez, ainda é preciso que haja apenas ele para verificar esse real[24].**

24 J. Lacan, *Le sinthome*, seminário inédito, fim da sessão de 9 de março de 1976. Reportando-nos à topologia borromeana que há nessa frase, poderemos verificar que se trata de uma travessia (a do falo, que transforma em verdadeiro furo o falso furo criado por colocar juntos sinthoma [*sinthome*] e simbólico, justamente pelo fato de atravessar esse falso furo) diferentemente mais séria do que aquela elucubrada por alunos de Lacan e dita da fantasia.

Definição da psicanálise como erotologia: a psicanálise é essa figura de eros na qual apenas o falo verifica o que quer que seja.

QUARTA SESSÃO, TARDE DE DOMINGO

Seguindo o método deste seminário que é o de proceder por toques discretos, esta sessão mostrará que situar a psicanálise como erotologia abre de uma maneira diferente um certo número de questões sobre as quais não se pode dizer que não têm mais curso, mas que se apresentam de uma maneira tão indecisa, tão reduzida, tão mínima que, de fato, seu surgimento, às vezes, entre duas discussões, só tem o valor de um sinal de seu sepultamento. Ela terá sua contrapartida na sessão seguinte, na qual mostrarei como, ao contrário, todo um grupo de alunos de Lacan teve êxito em descartar a erotologia ao criar uma teoria dita lacaniana que nunca existiu em Lacan.

Se tivéssemos que dar um estatuto enunciativo a essa formulação, poderíamos falar de questões-elefante. Chamamos "questão-elefante" uma questão que, vista sob o ângulo egoico, parece inconveniente. Mas com frequência essas exigências egoicas nos deixam na miséria – o que eu chamo de "miséria ou o *moi*teísmo"*. É claro que uma questão parecer de início desorganizadora não a certifica *ipso facto* como pertinente. No entanto, é, antes, um bom sinal essa intervenção-elefante de uma questão na (falsa, mas relativamente efetiva) tranquilidade das representações egoicas. E, decerto, deve-se aqui convocar a experiência nietzschiana, aquela que fazia o cantor de Zaratrusta concluir que admitia como verdadeiro um pensamento pelo único critério de ele o desorganizar. Estou longe de levar as coisas até aí. Mas, de todo modo, admito

* Em francês, *mouise ou le moiïthéisme*. Alusão a "Moisés e o monoteísmo" assim como ao *moi*. (NT)

que o traço de inconveniência, quando marca uma fórmula que se apresenta ao espírito, está, antes, a favor da justeza dessa fórmula. Aliás, por que se inquietar demais? Quando se fala de "um elefante numa loja de cristais", por que não se imagina logo o que, no entanto, é a realidade mais banal, isto é, que esse próprio elefante é feito de cristal?

Os problemas que esse elefante vai desbastar serão três: I. A invenção da psicanálise, II. O sexo da clínica, III. A responsabilidade do psicanalista.

A INVENÇÃO DA PSICANÁLISE

O que evoca para vocês, em primeiro lugar, a análise entendida como erotologia? Isso lembra, por meio dos primeiros detratores da psicanálise, que convém – é claro – seguir no seu terreno, justamente porque "eles exageram", o escândalo de um jovem médico vienense se fechando em seu consultório, regularmente, com moças ou mulheres de seu meio, várias horas por semana com cada uma, e para falar... de sexo.

O fato de que elas estejam doentes, esquiz'histéricas, e de que ele seja médico justifica um tal comportamento? Certo, há todo um dispositivo para esfriar os espíritos mal colocados, para garantir que ele permanecerá dentro de certos limites. Vai-se saber, por exemplo, é verdade que somente depois, que havia uma doméstica atrás da porta do consultório – a lenda chegará a dizer que é ao surgimento dessa doméstica no consultório quando uma paciente o abraçava que se deve a invenção da transferência. Sabe-se que a consulta ocorre ali mesmo onde vive sua família; sabe-se que sua ação médica, tão extravagante quanto pareça (ele só fala), é caucionada por alguns de seus mais renomados colegas vienenses (Breuer); sabe-se que ele trabalhou em laboratório, que fez estágios em hospitais, que publicou nas melhores revistas, que descobriu as virtudes anestesiantes da cocaína; sabe-se que ele oferece todas as garantias de moralidade; etc.

Esse médico judeu vienense fez mais. Voltando de Charcot, ele declarou, numa conferência memorável, que a histeria era também masculina! Um escândalo se seguiu. Esse escândalo não tinha a menor justificativa? Freud não estava, sob esse charcótico abrigo, enrolando com relação a uma prática com as adolescentes e as moças que se originava em uma erótica diferente da prática, esta pública, de um Charcot? Se os homens são também seus clientes, então, não é, quando recebe uma histérica, não é a moça ou a mulher que o interessa, é... a histeria. Ufa, a gente ficou assustado! Só que há aí um osso, e de bom tamanho: foi verdadeiramente com moças ou mulheres e não com homens que Freud inventou a psicanálise.

Encarar a análise como uma erotologia faz ver as coisas um pouco diferente da maneira como nos são apresentadas pela história jonesca da psicanálise. Essa história oferece à nossa "cretinice" um Freud campeão da verdade, lutando contra o obscurantismo dos médicos do lugar, incapazes de admitir a existência de uma histeria masculina. No entanto, uma questão permanece, é que a existência da histeria masculina não nos dispensa de explicar qual (quais) ressonância(s) existe(m) entre histeria e feminilidade. Por não precisar essa articulação, que se encontra na própria origem da psicanálise, sempre se poderá suspeitar que a proclamação da existência de uma histeria masculina é uma maneira de se esquivar do problema.

Lacan também, no princípio, lidou com uma mulher. Dir-se-á que a coisa não teve verdadeira importância? Que Marguerite Anzieu também poderia ter sido um homem? Basta reformular assim a história para se dar conta de que se está dizendo uma besteira.

Eis, então, a primeira questão elefante que decorre dessas observações, de nosso levar em conta a psicanálise como erotologia. Será que, na análise, a repartição, a disparidade de início, na qual se encontra um médico homem e uma paciente mulher, não é um traço contingente, mas de estrutura? Isso independentemente do sexo de quem está na poltrona assim como daquele de quem está no divã. Estaria aí um traço distintivo da erotologia analítica? Não faltam fatos capazes de dar sustentação a essa conjectura.

– O mais evidente é nada menos que Sua Majestade o complexo de Édipo, pensado para e segundo um *Ego* menino, sendo as meninas solicitadas a seguir esse roteiro – é verdade que ao preço de algumas variantes. Por que essa disparidade se não for porque, a partir da dita autoanálise de Freud, esse complexo é essencialmente um negócio de homens entre eles[1]? Aliás, essa secundariedade das meninas suscita memoráveis controvérsias.

1 De dois (Freud / Fliess) e até de três (Freud, Max e Herbert Graf).

– Paralela e conformemente a esse Édipo sexualmente atravessado (o cúmulo para um complexo suposto proporcionar a cada um sua identificação sexuada), notar-se-á que, em *As estruturas elementares do parentesco*, são as mulheres que são trocadas, seja o que for que depois Claude Lévi-Strauss tenha dito para anular sua escolha de início.

– Mais discretamente, assinalaremos que, no que dissemos nesta manhã, na partida fina Freud-Ferenczi-Gizella-Elma, apenas os homens estão numa poltrona.

– E, mesmo que uma Sabina Spielrein, entre Freud e Jung, tenha podido, por um certo tempo, ocupar a poltrona, ela não deixou de ser apresentada, como as duas mulheres entre Ferenczi e Freud, em posição de objeto entre dois homens; de onde deduziremos, a seguir Lacan, que era quando não era analista que ela o era, enquanto que, tomando o lugar sustentado alternativamente por seus homanalistas, era, talvez, quando ela era institucionalmente psicanalista que estava mais longe de sê-lo.

O fato de que tenha havido muito cedo, mas, de todo modo, vindo depois (o grupo da quarta-feira de Freud era composto unicamente por homens... e por charutos), analistas mulheres não era um redobramento da embrulhada da conferência sobre a histeria masculina? Em todo caso, a proporção parece ser a mesma: a histeria era maciçamente feminina assim como os analistas eram maciçamente homens, excetuando-se, em cada caso, notáveis exceções.

Lacan foi exitoso em tornar essas questões, forjadas a partir do momento em que se admite a insistência, senão a existência de uma posição típica, despropositadas? Ao inventar o objeto *a*, formulando que ele é produzido como dejeto, em fim de partida sob a forma do analista, Lacan teria levado a radicalidade da análise a um ponto tal que essas questões teriam se tornado caducas. Um dejeto não é, *a priori*, nem homem nem mulher. No entanto, o problema não é simples, se for verdade que o que está em jogo nessa subjetivação resultante de um *a* que teria sido deixado cair é, perdoem-me a expressão, a desfalicização do objeto, a perda de seu brilho, desse *glamour* que ele obtinha do falo.

Lacan só incidentalmente aborda a questão do sexo do psicanalista e do psicanalisando, por exemplo quando observa que apenas as analistas mulheres tratam pertinentemente da contratransferência[2]. Mas, senhora, a senhora não vai – não é? – ficar presa a semelhante incensação, desprezar que é Lacan quem fala e quem diz coisas interessantes ao dizer que essas mulheres dizem coisas interessantes.

O SEXO DA CLÍNICA

Lacan terá tido razão – para mencionar, em princípio, apenas uma figura clínica – de deixar para François Perrier a questão da paranoia feminina? Abordar a análise como uma erotologia nos faz duvidar disso. Vejamos, então, em que essa dúvida pode ser legítima.

Todos têm presentes no espírito as fórmulas de Freud que engendravam os diversos delírios paranoicos a partir da homossexualidade recalcada[3]. No texto de Freud sobre Schreber, a primeira fórmula é escrita, textualmente, com um curioso "Moi je" no princípio:

Eu [*Moi*] (um homem), eu [*je*] o amo (a ele, um homem),

---

2 O fato de ter havido homens para fazer valer a contratransferência (chegando até mesmo a inventar uma "neurose de contratransferência"!) não impediu Lacan de declarar: "[...] se há pessoas que disseram, sobre a 'contratransferência', algo de sensato foram as mulheres. [...] Por que será que foram mulheres que já, digamos, simplesmente, ousaram falar da coisa, numa maioria esmagadora, e que tenham dito coisas interessantes?". J. Lacan, *L'angoisse*, sessão de 27 de fevereiro de 1963, estenotipia pp. 46-47. Cf., nessa mesma veia, *RSI*, sessão de 11 de fevereiro de 1975: "Elas sabem tão mais sobre isso pelo único fato de serem mulheres que é por isso que tiro meu chapéu pra elas. A única coisa que me espanta não é tanto (como disse, na ocasião) que elas saibam melhor tratar o inconsciente – não tenho muita certeza disso (a categoria delas com relação ao inconsciente é, evidentemente, de uma força maior). Elas tratam isso com uma selvageria, uma liberdade de atitude que é surpreendente, por exemplo no caso de Melanie Klein. É algo, assim, que deixo para a meditação de cada um: as analistas mulheres estão certamente mais à vontade com relação ao inconsciente. Elas se ocupam dele; não se ocupam dele, deve-se dizer, sem que seja em detrimento – talvez seja aí que a ideia de mérito seja revertida, que elas perdem alguma coisa – de sua possibilidade que, nada mais sendo do que a de ser uma entre as mulheres, é, de algum modo, sem medida". Observa-se que "mais à vontade" combina com a selvageria (teremos ocasião de avaliar esse par erotológico essencial: selvagem / domesticado, isto é, civilizado). E também que esse "mais à vontade" combina com a perda, para uma mulher psicanalista, de sua possibilidade maior, a de ser uma, uma entre as mulheres.

3 S. Freud, *Cinq psychanalyses*, Paris, PUF, 1954, pp. 308-310. Em alemão: *ich* [*ein Mann*] *liebe ihn* [*einen Mann*], G. W. VIII, p. 299. A aplicação dessas fórmulas ao feminino não pode ser feita apenas com uma mudança dos conteúdos dos termos entre colchetes.

que se transforma, desta vez com itálicos[4], em:

Eu [*Je*] não o *amo*, eu [*je*] o *odeio*

depois, por projeção e deslocamento dos itálicos dos verbos para o complemento de objeto, em:

ele *me* odeia.

Pois bem, mais uma vez, olhemos as coisas bobamente, tenhamos a astúcia do débil (Lacan, respondendo a Maud Mannoni: o débil é astucioso). O que essa estranha escrita na qual "um homem" aparece duas vezes entre parênteses, na segunda vez como redobramento de um "ele" (em alemão, do *ihn*) vem indexar? De todo modo, isso fica um pouco atravessado! Essa dupla parentização vem inscrever que se trata, no caso e somente no caso, por duas vezes, de um homem? Que isso está ligado ao caso Schreber, que é acidental, como seria, crê-se, tudo o que é particular a um caso? Que da mesma forma se poderia, num outro caso, colocar "uma mulher" entre parênteses? No entanto, se fosse somente isso, por que manter o traço de acidente na fórmula geral?

Mas, sobretudo, há o seguinte, que, no nosso questionamento do caráter sexuado ou a-sexuado das entidades clínicas, toma singulares cores: no texto de Freud sobre a paranoia que se segue ao estudo de Schreber, "Um caso de paranoia que contradiz a teoria psicanalítica da doença", trata-se de um caso de paranoia feminina. Então, tudo se passaria assim: o masculino dá a doutrina (ao preço de certas acrobacias de escrita), o feminino dá a possível contestação. Observemos logo que o esquema tese / homem – contestação / mulher é exatamente o do complexo de Édipo. De todo modo, uma tal homologia não é pouca coisa! Pode-se concluir que funciona, nessa partição, algo como um engrama, como um *topos*, como uma evidência não questionada[5]. Isso seria, portanto, o resultado, na teoria, do dispositivo de partida, com um homem sentado na poltrona e uma mulher deitada no divã? E, já que "divã" [*divan*] é a mesma palavra que aduana [*douane*] (árabe *diwan*), nos

4 Os itálicos correspondem ao procedimento utilizado na escrita alemã de espaçar as letras para enfatizar uma palavra, aqui *l i e b e*, depois: *h a s s e*.

5 A mulher que contesta a ligação tese/homem – ou seja, uma boa parte do feminismo – se inscreve também perfeitamente no esquema; portanto, confirma-o, pretendendo combatê-lo.

perguntamos: a questão seria fazer passar, com essa disparidade, algo tocante ao feminino? Isso independentemente de quem, homem ou mulher, se deita no divã? A favor de uma resposta afirmativa há essa declaração de Lacan em *A angústia*:

> **[...] tomei a perspectiva androcêntrica de encontrar a mulher [...][6].**

Ela foi anunciada alguns momentos antes nos seguintes termos:

> **Iremos, após todos esses lembretes, tentar avançar um pouco mais. Eu o farei por um caminho que talvez não seja, eu disse, inteiramente aquele pelo qual eu, por mim mesmo, me teria resolvido[7].**

Como designar melhor a intervenção, já, da alteridade do que por esse anúncio segundo o qual o caminho escolhido não é aquele que ele toma? Aliás, isso é homogêneo com esse posicionamento do feminino no final de percurso. Se não se está um pouco desviado de saída, há poucas chances de que se esteja na chegada[8].

---

6 J. Lacan, *L'angoisse*, sessão de 13 de março de 1963, p. 27.

7 *Ibid.*, p. 23.

8 Digamos uma palavra sobre essa "chegada" depois desse 13 de março de 1963. Com efeito, bem depois encontramos em Lacan a confirmação do caráter sustentado da escolha dessa via androcentrada. Assim, em 18 de dezembro de 1973 (seminário *Les non-dupes errent*): "O amor, se é a metáfora de alguma coisa, a questão é saber a que ele se refere. [...] digamos que ele se refere primeiro ao acontecimento, a essas coisas que ocorrem quando um homem encontra uma mulher. E por que não? Porque em geral é o peixe que se tenta dominar. Quando digo 'quando um homem encontra uma mulher' é porque sou modesto, quero dizer com isso que não pretendo chegar ao que acontece quando uma mulher encontra um homem... porque minha experiência é limitada". Mas também é nesse seminário que a própria enunciação de Lacan confessa se originar nessa via (sessão de 15 de janeiro de 1974): "Vejam vocês, eu o exponho, exponho que o amor me perturba. A vocês também, certamente. Mas não como a mim! É mesmo por isso que – um parêntese – o número de vocês me incomoda: há algum tempo que não posso mais identificá-los com uma mulher. Isso me aborrece" (cf., igualmente, a sessão seguinte). Outra confirmação, no fim desse mesmo seminário (11 de junho de 1974): "Mas se há uma identificação, uma identificação sexuada, e se, de outra parte, eu lhes digo que não há relação sexual, o que isso quer dizer? Isso quer dizer que só há identificação sexuada de um lado, isto é, essas marcações ditas funcionais da identificação devem ser colocadas [...] do mesmo lado. Isso quer dizer que só uma mulher é capaz de fazê-las".

Em sua obra *L'Éros dans la Grèce antique*, Claude Calame desenvolve um amplo leque das identificações sexuadas. Ele torna patente sua função de domesticação daquela que chamaremos aqui de a selvagem. Ele assim sublinha (p. 164) que o caso da filha epiclera [na Grécia, filha que o pai deixava como *depositária* da herança na ausência de filho homem (NT)] presentifica, melhor do que qualquer outro, o que ceder a Eros comporta, para essa selvagem, de submissão. Tomada nessa vertente, a escolha de uma transmissão

Mas olhemos isso mais detalhadamente. A paranoia feminina vinha roçar o parêntese redobrado da fórmula canônica. Freud, ao buscar a homossexualidade, na segunda entrevista com a pessoa em questão (que, aliás, não veio consultá-lo, já que o consultante é um advogado), evidentemente a encontra. Portanto, o fundamento homossexual (*sic*) é salvo. Mas a que preço? Ao preço de subsumir, sob o mesmo nome "homossexualidade", um laço amoroso *ele–ele* e *ela–ela*. Assim se descarta não apenas a noção de paranoia feminina, mas também a de homossexualidade feminina. A ideia de base nessa nosografia, que felizmente, em Freud, traz rastros de suas falhas[9], é que, quando a questão é homossexualidade ou paranoia, pouco importa, em sua problematização analítica, que o sujeito assim classificado seja homem ou mulher. Eu lembrei que era também a tese a propósito da histeria.

No momento, não discutamos esse *a priori*, que parece, portanto, ser geral na teorização freudiana. Marco apenas uma solidariedade: só se pode tornar a paranoia una, descartando como pertinente, a seu respeito, a distinção homem mulher, a diferenciação entre uma paranoia masculina e uma paranoia feminina, com a condição de se fazer a homossexualidade também una.

Ora, dizer "homossexualidade", quer se trate de homens ou de mulheres, parece muito mais problemático clinicamente; aliás, o próprio termo é recente, data apenas do meio do século XIX (o termo "heterossexualidade" é mais recente ainda). E podemos aqui mencionar uma observação tardia de Lacan que define a heterossexualidade como o amor pelas mulheres[10], sugerindo, em outras palavras, que uma mulher *eraste* de uma outra mulher é heterossexual. Se levarmos a sério essa observação, que merece ser levada a sério, deveremos distinguir uma homossexualidade masculina e uma homossexualidade feminina. E também deveremos, se não fazer o mesmo para a paranoia, pelo menos abandonar a teoria freudiana segundo a qual ela repousaria, para as mulheres assim como para os homens, numa homossexualidade recalcada. Isso não porque não haveria, em cada caso, ho-

---

epiclera, claramente colocada em ato por Lacan no fim da sua vida, também apoia e confirma sua eleição, anterior, da via androcentrada de encontrar a mulher.

9 Por exemplo o duplo parêntese, que, de todo modo, introduz uma certa disparidade.

10 "Digamos heterossexual, por definição, aquele que ama as mulheres, qualquer que seja seu sexo próprio. Isso será mais claro". J. Lacan, "L'étourdit", *Scilicet*, nº 4, Paris, Seuil, 1973, p. 23.

mossexualidade recalcada, mas porque esse conceito de homossexualidade é inconsistente[11].

Concluamos sobre o sexo da clínica. Se se encara o problema em sua maior extensão, parece que se deve distinguir dois polos, que determinam um espaço no interior do qual as questões nosográficas se colocariam. Primeiro polo: as entidades clínicas não são sexuadas; é o polo do qual a psicanálise e a psiquiatria, em suas teorizações dominantes, seriam as mais próximas. Segundo polo: todas as entidades clínicas são duplas, sexuadas como homem ou mulher. Entre esses dois extremos, pode-se conceber uma situação em que certas entidades seriam duplas e outras não.

A RESPONSABILIDADE DO PSICANALISTA

A psicanálise é uma erotologia; portanto, a responsabilidade do psicanalista é sexual. Lacan, aliás, dizia isso explicitamente, com o risco de ampliar consideravelmente a formulação:

> **[...] só há responsabilidade – nesse sentido em que responsabilidade quer dizer não resposta, ou resposta pela tangente – sexual [...]**[12].

Essa essencial declaração parece se chocar com a seguinte observação: se a prática analítica instaurou alguma coisa, alguma coisa de que ninguém duvida, nem seus partidários nem seus detratores, é que a resposta sexual (que não é, absolutamente, excepcional em seu exercício) vale como uma resposta pela tangente* – pela tangente da análise. Assim, nos perguntamos: esse tangencial seria um traço definidor do sexual? O sexual se definiria como uma resposta pela tangente? Até mesmo como a resposta tangencial? Ora, essa resposta sexual pela tangente é também uma resposta *passo/não de*

---

11 Em 9 de abril de 1974 (Seminário *Les non-dupes errent*), Lacan, após ter formulado que "o ser sexuado só se autoriza por ele mesmo, ..., e por alguns outros", declarava "completamente impróprio, como nomeação", o termo "homossexual". Dever-se-ia poder mostrar que essa recusa resulta da invenção do objeto *a*, a qual suspende a confusão entre pequeno outro, o semelhante, o homo, e o objeto causa do desejo.

12 J. Lacan, *Le sinthome*, sessão de 13 de janeiro de 1976.

* Lembramos que traduzimos *à côte* por "tangencial" ou "pela tangente" e *de côté* por "de través". (NT)

*través**. A análise mostrou esse traço, justamente porque instaurava, bem mais manifestamente do que qualquer outra disciplina conexa, a foda como uma possível derrapada de seu exercício. Foi ao dar lugar à transferência que ela se submeteu a semelhante mostração; ora, essa transferência, é ela, e somente ela, que torna isso visível.

No entanto, seria um erro crer que essa foda-descompasso é uma exclusividade psicanalítica. Que uma questão, digamos, "analítica", ao ser colocada para alguém, abra para esse alguém a possibilidade de responder pela tangente, justamente pela foda, isso se encontra em outros lugares além da análise:

– Circulam na Índia numerosas histórias fabulosas, tanto antigas quanto novas como o país, sobre a jovem virgem que vai consultar um sábio que partiu para viver na floresta e que se encontra sobre sua esteira. Os hindus riem muito justamente porque esse sábio, confrontado com esse objeto erótico, não manteve sua posição, quer dizer, não respondeu à pergunta.

– Podemos também convocar, mais próximo de nós, o erotômano que faz de um sujeito suposto saber (um cura, um professor, um chefe, um mestre) o ponto de emergência de um pendor erótico dirigido ao sujeito. Definição: a erotomania é essa doença que tende a anular a foda como passo/não de través em relação ao que está em jogo analiticamente na transferência.

– Mais banalmente, pensemos na cena doméstica e na sua conclusão na cama. Avaliado com os critérios do que cada um punha em jogo na cena doméstica, ao chamar o outro para um lugar e para uma função que o outro se recusa a ocupar, será que o que se passa na cama (e que geralmente põe um fim à cena) não constitui, tipicamente, uma "resposta pela tangente"? Quem explicasse o valor apaziguador dessa resposta com relação à violência da cena doméstica nos ensinaria muito sobre a função da foda como resposta pela tangente. Como a foda lida com a violência sexual? De todo modo, é uma boa pergunta! E que os psicanalistas deveriam poder tratar, já que, justamente, para eles, essa conclusão da cena transferencial pela foda está excluída.

Mas qual é o estatuto do *pela tangente*? Aqui, duas possibilidades, que são como dois escolhos contrários, se apresentam: de uma parte, pensar que

* Em francês, *pas de côté*; *pas*, em francês, como lembramos em nota anteriormente, é partícula de negação e ao mesmo tempo "passo"; não fizemos a opção pelo leitor, mas sugerimos que há uma opção. (NT)

toda resposta *pela tangente* não convém, de outra parte, pensar que só conviriam as respostas *passo/não de través*. O primeiro é um prejulgamento do bom senso, que crê saber que toda "resposta pela tangente" é uma resposta inconveniente, enquanto na análise é a resposta que se impõe, ao menos para a demanda. O segundo, inverso do primeiro, não é exatamente um prejulgamento, já que a fenomenologia lhe deu suas cartas de nobreza filosófica. O sujeito, nessa perspectiva, nunca lida com um objeto, mas apenas com um aspecto do objeto, depois com um outro, depois com um outro, etc. Portanto, só haveria apreensões do objeto parciais e, a esse título, tangenciais.

Mas talvez já possamos ter uma versão mais radical da resposta *passo/não tangencial*, que opomos, portanto, à resposta *passo/não de través*. Com efeito, essa oposição é também uma torção. O equívoco do "não/passo" [*pas*] (que se move entre *não/passo* tangencial e *não/passo* de través, mas que se move também de uma maneira interna a cada um desses termos, o que faz com que seu sentido quase se inverta) sublinha essa relação tortuosa entre respostas *não/passo tangencial* e *não/passo de través*.

Uma resposta *passo/não tangencial* não é o que está em jogo na destituição subjetiva, em outras palavras, no fim de partida analítica (também aí a análise não tem nenhuma exclusividade)? Se nos remetermos ao que pode nos servir de referência para a destituição subjetiva, isto é, a problemática durasseana do *Vice-cônsul* (e as produções vizinhas, fílmicas – *India song*, *Son nom de Venise dans Calcutta désert* – ou romanceadas – *Le ravissement de Lol V. Stein*), o que podemos recortar? Dois traços conexos, ambos importantes para nós. De uma parte, que a resposta constituída pelo amor de Anne-Marie Stretter é uma resposta *passo/não de través* no sentido do sábio hindu desorientado; mas também que essa resposta *passo/não de través* o é com relação a uma resposta que, por sua vez, seria uma resposta *passo/não tangencial*, isto é, a resposta administrativa esperada, a nomeação. Nesse momento de destituição subjetiva que o vice-cônsul atravessa justo após ter atirado nos mendigos de Lahore, essa nomeação não seria uma resposta *tangencial* (e aí vocês vão ver em operação a torção de que se tratava há pouco). Ela seria uma resposta *passo/não tangencial* justamente porque indica o que a resposta dele já mostrava (redobrando sua resposta e, assim, ratificando-a); isto é, que, confrontado com a mendicância de Lahore, ele não tem resposta possível a não ser sob a forma do *passo/não tangencial*. Pois, quanto mais alguém se engaja na resposta *passo/não tangencial*, isto é, na destruição dessa intolerável mendicância, mais fica claro que essa resposta é uma resposta tangencial. A erotologia analítica seria o inverso disso. Quanto mais a responsabilidade do analista dá ao analisando uma resposta tangencial, mais esse dom do analista se verifica como uma resposta passo/não-tangencial. Constatar isso é o fim da análise, assim como é o fim da história do vice-cônsul.

Estivemos lidando com três questões curiosamente sexuadas. A propósito do dispositivo analítico (da invenção da psicanálise), ficou claro que, dizendo-o metonimicamente, o sexo da poltrona e o do divã podiam ser, de fato, melhor determinados do que chegamos a crer num tempo em que, em muitos setores da atividade, homem ou mulher (se tornaram) iguais – no duplo sentido dessa expressão: ao mesmo tempo o sentido de semelhantes e de pouco importa. Uma segunda questão nos era oferecida por uma clínica também erigida fora do sexo, mas que não chegava verdadeiramente a se manter como tal. Quanto à terceira questão, o caso é ainda diferente. Tudo se passa aqui como se ninguém ignorasse que a responsabilidade do psicanalista era sexual, enquanto que se persiste em não querer saber nada disso, isto é, em não precisar, a não ser sob uma forma deslocada.

Conclusão

Por três vezes encontramos o sexo presente ali mesmo de onde se quis cassá-lo. É que se trata do sujeito e, quando é questão de si, da imagem de si e do objeto, é questão de sexo.

I – Si. Não foi por acaso que Foucault intitulou suas últimas pesquisas no domínio de uma história do sexual (pois o sexual não é menos histórico do que o luto, vai ser preciso constatar isso ali onde se é partidário de uma imutável natureza humana) de "O cuidado de si". É que, em relação à sexualidade, o mestre é colocado em questão. Duplamente. De uma parte, porque a erótica do *eraste* e do *erômeno* constitui o mestre (estudaremos isso em detalhe com Claude Calame), porque, portanto, não é o mestre que a constitui, porque, portanto, ele não é o mestre. De outra parte, os mestres foucaltianos testemunham isso: na sexualidade, pelo menos quando se é mestre, não se é mais si. É assim que, para preservar uma pontinha do si-mestre, o mestre encontra um viés, uma fabulosa invenção. Ele elege um ponto, destacando-o no sexual, colocando-o à distância e, portanto, ao abrigo do sexual, para indexar (ilusoriamente) que o mestre continua mestre, inclusive em sua sexualidade (com o risco de que essa sexualidade sacrificada, de algum modo, à mestria seja, por isso, mantida fora de uso). Esse traço, esse interdito permanecerá para nós. Vamos formulá-lo aqui em seus próprios termos: um mestre em nenhum caso será um *katapugon*, um enrabado. Essa seria inclusive, na linha direta de sua colônia grega, a definição romana do pudor[13].

Curiosamente, reencontramos esse problema tão mal nomeado como "sodomita" em "Análise terminável, análise interminável". A centralidade do problema do *katapugon* no que se refere aos homens nesse artigo basta para provar que esse texto não é um texto de analista, mas de mestre, que ele também não é, portanto, um texto contemporâneo da sexualidade dos homens de seu tempo, que, em contrapartida, ele ressoa a problemática de um Schreber – a qual, vê-se agora, nada tem de "homossexual", na medida em que toda uma faixa do caso Schreber se esclarece singularmente se se ler, em lugar dessa falaciosa homossexualidade, uma retomada do antigo *katapugon*.

II – O objeto. Como o objeto se torna desejável? Lacan, em 1962-63, formula o problema em termos que não são os de Freud, que, inclusive, silenciosamente, se separam dos dele (se é exato que Freud estabelece a psicanálise ao inventar a fantasia, ou seja: ao renunciar à teoria da sedução pelo objeto). Para medir essa distância, vai nos bastar lembrar que, em Lacan, não há nada de incompatível entre a intervenção da fantasia e a intervenção de uma sedução pelo objeto. Inclusive é essa última intervenção que ele apresenta como o problema a tratar.

Na foda, o objeto se transforma, torna-se atraente, estimulante (o que ele não é permanentemente – como mostra muito particularmente o tantrismo, ao buscar realizar, por técnicas sexuais apropriadas, essa permanência que falta). Eis:

> **[...] o objeto fica para nós revestido ou não desse *glamour*, desse brilho desejável, dessa cor – é assim que em chinês se designa a sexu-**

---

13 P. Quignard, *Le sexe et l'effroi*, ob. cit., p. 216.

alidade – que faz com que o objeto se torne estimulante no nível justamente da excitação[14].

Como acontece com muita frequência quando se trata da foda, apressamo-nos a empregar palavras estrangeiras. O latim, com seus *coitus*, *fellatio*, e outros *cunnilingus*, foi bem útil, mesmo que tenha sido ao preço de uma eliminação das poéticas e humorísticas nomeações que grassam, por exemplo, na gíria. "Posição do missionário" é, de todo modo, mais poético do que *coitus a tergo*! Aqui, Lacan se remetia ao inglês. *Glamour* é o encantamento, o charme, o fascínio, a mágica, o clarão. *To cast a glamour over some one*: enfeitiçar. *To glamorize* é também interessante, já que esse verbo introduz a facticidade: dar uma beleza, uma mágica factícia a alguém, a alguma coisa.

Essa cor do objeto é um traço essencial que a erotologia analítica retém. Ele conflui com e confirma a observação segundo a qual só se fode com sua fantasia, exceto rebatendo a foda sobre seu modo masturbatório, do qual ela se distingue clinicamente.

III – A imagem de si. Com ela, estaríamos lidando com uma erotologia quase constituída. Com efeito, quando a análise é definida por Lacan como uma "erotologia", o que isso quer dizer? Que ela é um *logos erotikos*, uma razão erótica, fórmula a ser entendida em todos os sentidos. Não apenas que há uma razão na erótica, em outras palavras, que a erótica não é irracional (o que bom número de escolas antigas já acreditava saber, embora isso permaneça para nós algo como um axioma), mas também que o racional não está fora do erótico. A erotologia, portanto, será definida de maneira muito chã, etimologicamente, como uma certa forma de estilo tomada por *eros* na medida em que essa forma se mantém conforme à sua própria razão (a seu *logos*).

Imediatamente alguns casos se apresentam. Pode-se convocar o misticismo, o ascetismo, o tantrismo, este mais distante de nós, ou ainda, desta vez mais próximo, o dandismo (Brummel, Baudelaire, Lacan); ou ainda, desta vez historicamente distantes, o amor cortês, ou a libertinagem do Dezoito, à qual não seria errôneo conjugar, como não menos erotológico, seu avesso, isto é, Port-Royal; ou ainda o amor regência*, tão negligenciado apesar de sua

---

14 J. Lacan, *L'angoisse*, sessão de 16 de janeiro de 1963.

* Provável referência ao "estilo regência", que grassou na França no início do século XVIII. (NT)

proximidade com a modalidade do amor nas psicoses[15].

Sempre segundo essa mesma definição, mencionemos... o estádio do espelho, essa experiência indissoluvelmente erótica e lógica. Quanto ao erótico, basta lembrar o que Lacan sublinha, o júbilo da criança e as análises mais finas que se seguiram, essencialmente a observação referente ao investimento da imagem menos os genitais. Não é deliciosamente perversa essa maneira que o investimento tem de vir tocar a imagem em todos os lugares exceto no lugar conhecido como particularmente reativo às carícias? Quanto à lógica, a coisa não é, entretanto, menos articulada. De cara, Lacan situou seu estádio do espelho como "ponto de junção da natureza com a cultura"[16] e se lê ainda em suas "Formulações sobre a causalidade psíquica"[17]:

> **Ele** [*i.e., assim como acaba de ser dito: "[...] um desses fatos de captação identificatória pela* **imago** *que eu procurava isolar"*] **remetia da maneira mais direta a essa imagem do ser humano que eu já havia encontrado na organização mais arcaica do conhecimento humano.**

Não se pode ser mais explícito sobre o valor do conhecimento, portanto lógico, da identificação imaginária. Lacan de jeito nenhum inovava ao reconhecer que a experiência do espelho tem uma função de conhecimento. Seus predecessores – cuja longa lista, segundo Wallon, começa por Darwin, prosseguindo bem além de Wallon (cf. os trabalhos de Emile Jalley) – o fizeram antes dele. Sua inovação está mais, como Merleau-Ponty muito cedo observou, na afirmação do caráter erótico desse tipo de experiência. Portanto, a inovação foi a de ter colocado juntos dois traços, lógico e erótico, de ter proposto que essa experiência do espelho merecia plenamente o nome de erotologia.

Sobre qual solo erotológico ela tomou seu ponto de partida? Sobre uma outra erotologia: o puritanismo. Eis uma declaração bastante recente de Wladimir Granoff:

> **De jeito nenhum excluo que seja meu puritanismo que me impede, a mim, de seguir a aventura humana quando ela chega a esse nível**

15 Ler essa joia literária: Crébillon fils, *Le sylphe*, Paris, Gallimard, 1992.

16 J. Lacan, "Le stade du miroir comme formateur de la fonction du Je telle qu'elle nous est révélée dans l'expérience psychanalytique", in *Écrits*, Paris, Seuil, 1966, p. 100.

17 *Ibid.*, p. 185.

de uma coisa em que ela vai se confundir com a decadência e o dejeto[18].

A erotologia sobre o fundo da qual a psicanálise emergiu, como uma grande chance de ar fresco, é nomeada por Granoff. E, com efeito, o intelectual tem uma tendência marcada ao puritanismo. Em todo caso, nem Granoff nem Lacan, segundo seu testemunho, comiam desse pão puritano. Granoff nos indica que seu interesse por Freud se deve ao fato de que a psicanálise intervinha como uma outra erotologia, rival do puritanismo a ponto de tentar liquidá-lo. Mas, precisamente, o que é que, como análise, se levanta contra o puritanismo? Granoff é muito preciso: é um estilo. Assim ele chega a escrever: "Lacan fazia voltar o estilo de Freud"[19].

---

18 Wladimir Granoff, "Propos sur Jacques Lacan", *L'infini*, nº 58, été 1997, Paris, Gallimard, p. 109. Essa declaração é uma muito exemplar confirmação de Lacan por alguém que o deixou. Ela foi extraída de páginas que acabam de ser publicadas num dos últimos números de *L'infini*. Essas páginas são de uma enorme justeza de tom. Trata-se de um testemunho sobre dois mal-entendidos cruzados (em outras palavras, o que se chama, geralmente, um casal), aquele entre Granoff e Lacan e entre Lacan e Granoff; ele comporta também um esclarecimento sobre Lacan cuja pertinência, exata, se pode apreciar; além disso, ele nos traz inéditas informações, por exemplo, quando Granoff conta que em Estocolmo, em julho de 1963, Lacan delirava quanto a ele. A importância desse texto é medida pela quantidade de "historietas" que ele veicula: quase tantas quanto as páginas.

19 *Ibid.*, p. 108.

QUINTA SESSÃO, MANHÃ DE SEGUNDA-FEIRA

Diz-se que existe em Lacan um "nó da fantasia"; e se tenta, a partir daí, apresentar esse nó como uma outra escrita da fantasia, até mesmo como uma outra escrita do singular punção do matema da fantasia, do ◊ de ($ ◊ a). Que se chame também de "nó *dito* da fantasia" já mostra que há problema a respeito dele. Seu nome em topologia, segundo Pierre Soury, é "cadeia de Whitehead". Vou discutir o problema da renomeação dessa cadeia como "cadeia (ou nó) da fantasia", pois a teoria da "travessia da fantasia" está ligada a ele: ele permitiria pautar suas aporias.

Ora, essa pseudoteoria é exemplar, pois efetua uma derrapada demonstravelmente ligada à eliminação do estatuto erotológico da psicanálise.

Nessa desconstrução redobrada da qual vamos nos ocupar (do nó e, depois, da travessia da fantasia), daremos a Lacan o que é de Lacan e aos lacanianos o que é dos lacanianos.

UM PSEUDONÓ LACANIANO: O "NÓ DA FANTASIA"

Essa cadeia de Whitehead não é difícil de desenhar, basta esboçar o cruzamento do oito de uma das duas maneiras possíveis, traçar o círculo passando por cima o que está por cima e por baixo o que está por baixo e depois fechar o desenho do oito:

Vamos ver que esse "nó dito da fantasia" é... uma fantasia, no sentido usual desse termo, uma fantasmagoria, uma lenda, uma invenção dos lacanianos.

I – O que temos nos lacanianos?

– O curso de Pierre Soury de 16 de outubro de 1980. Uma versão dele foi publicada por Erik Porge em *Littoral* nº 5, em junho de 1982; portanto, após o suicídio de Soury, isto é, sem a supervisão dele. Dispomos também de documentos que provêm de Soury, que se referem aos mesmos problemas topológicos e certamente foram distribuídos quando dessa mesma sessão de seu curso e das sessões seguintes. As duas cadeias apresentadas em *Littoral* são, nesse artigo e por referência ao seminário de Lacan de 17 de fevereiro de 1976, assim indexadas: "[...] (na terminologia de Lacan, a da relação sexual e a da não-relação sexual)" (p. 66). Ei-las:

Justamente, essa não é uma "terminologia de Lacan". O apoio tomado em Lacan não é direto; aliás, Lacan não é textualmente citado (e com razão) e pelo menos é intempestivo fazê-lo endossar essas duas nomeações. Quanto a Soury, outra figura de autoridade, se nos ativermos ao que temos de escritos de sua própria lavra, encontramos essa frase, cuja prudência se notará:

> **A cadeia B foi mostrada pelo Senhor Lacan em ligação com o par ($, a) e em ligação com a não-relação sexual. Na literatura matemática, essa cadeia é chamada de cadeia de Whitehead[1].**

1 Pierre Soury, *Chaînes et nœuds*, terceira parte, texto 117, p. 1 (cf. também o texto 116).

Na transcrição proposta do curso de Soury de 20 de novembro de 1980, encontramos a seguir, como se isso fosse muito óbvio (p. 86): "[...] cadeia dita da relação sexual e aquela dita da não-relação sexual (ou da fantasia, ou de Whitehead)".

Portanto, o debate não alcança apenas a cadeia de Whitehead e seu eventual nome de "cadeia da fantasia". Com "cadeia da relação sexual" e "cadeia da não-relação sexual", é todo um pacote de nomeações que está conjuntamente em causa. Isso só denuncia a gravidade do problema. Se houvesse as duas cadeias citadas, haveria uma escrita da relação sexual – o que, justamente, o dizer de Lacan excluía. Tem-se dificuldade em pensar que Lacan tenha se contradito tão abertamente. Manifestamente, nesse mato tem cachorro.

– Em junho de 1981, artigo de Mayette Viltard "Une présentation de la coupure: le nœud borroméen généralisé" (nº 1 de *Littoral*). Esse artigo comporta uma apresentação da cadeia de Whitehead e de seu engendramento pela colocação em continuidade a partir de uma cadeia a três, mas essa cadeia não é chamada de cadeia da fantasia.

– Em junho de 1982, artigo de Erik Porge (*Littoral* nº 5, ob. cit.). O autor, após ter afirmado que, segundo ele, a fórmula $\$ \Diamond a$ se reescreve assim,

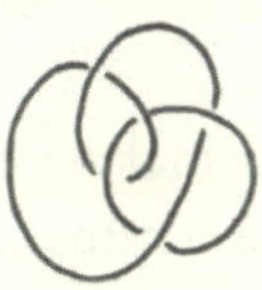

prossegue: "Esse desenho é uma planificação da cadeia dita de Whitehead e, seguindo algumas indicações de Lacan, propus chamá-la de cadeia da fantasia" (p. 49). Uma referência em nota nos dirige para um artigo publicado por *Delenda* nº 4, "Traverser le fantasme", em janeiro de 1981. Mas então, por que, se se trata de uma formulação de Porge, esse mesmo Porge atribuiu a Soury, nesse mesmo número de *Littoral*, o nome "cadeia da fantasia" na transcrição que ele dá dos cursos de outubro e de janeiro de 1980? Isso não fica muito claro, embora, de passagem, tenhamos aqui a indicação de que o nome "cadeia da fantasia" seria uma invenção de Porge.

Há, portanto, nesse número de *Delenda*[2], uma discussão da "travessia da fantasia"; Mustapha Safouan responde a Jacques-Alain Miller, depois escreve, com Porge, um artigo a esse propósito. Essa resposta é de um freudolacanismo acabado, também ele no espírito da época. Como agora ainda, ali onde ele grassa, esse freudolacanismo permite eliminar, ao embrulhá-las, questões cuja formulação, no entanto, é entrevista. No caso, a seguinte: o objeto *a* causa a divisão do sujeito; se, portanto, na travessia da fantasia, o sujeito se separa desse objeto, ele não estará mais dividido! Problema. O raciocínio apela para o princípio de causalidade tal como Spinoza o formulou?

> *Ex data causa determinata necessario sequitur effectus;*
>
> *et contra si nulla detur determinata causa, impossibile est ut effectus sequatur.*
>
> **Estando dada uma causa determinada, daí se segue necessariamente um efeito;**
>
> **e, do contrário, se não há nenhuma causa determinada, é impossível que um efeito se siga**[3]**.**

A solução é das mais arriscadas, pois Safouan volta a um artigo que escreveu com Claude Conté[4] para lembrar que aquilo de que o sujeito se separa em fim de análise não é o objeto *a*, mas as opiniões que tinha sobre o objeto *a*. Levar o fim de partida para uma questão de opinião é, de todo modo, mais para a estreiteza de ideias.

Quanto ao artigo, afora algumas partes comuns assinaladas por um "nós", cada um dos dois autores assina um pedaço; naquele escrito por Porge, pode-se ler isto:

> **O neurótico se extravia em seu desejo. Sua fantasia tem uma função de defesa contra a angústia e toma como objeto a demanda do Outro. O desejo do neurótico está em impasse porque em sua busca do objeto *a* ele busca os caminhos por uma passagem errada.**

---

2 Esse número 4 de *Delenda* é de um tom tal que se podia, sem moderação, tratar Didier Anzieu como "mau profeta". Um tal excesso, em alguns, condizia com o espírito da época.

3 Spinoza, *Éthique*, Axioma III, trad. B. Pautrat, Paris, Seuil, 1988.

4 "Le fantasme dans la doctrine psychanalytique et la question de la fin de l'analyse", *Scilicet*, nº 4, Paris, Seuil, 1973. Artigo não assinado, de acordo com o dispositivo dessa revista.

É o pensamento médico de sempre, aquele com o qual o método freudiano rompeu: o doente se engana, o médico sabe qual é a boa via. É... a travessia da fantasia! E, para ser generoso em matéria de saber, eis, no mesmo pacote, o corte do oito interior no plano projetivo, o punção, a ligação alienação/separação do seminário de Lacan dito *livro XI*. Tudo isso seria equivalente. Mas, se o punção equivale ao corte, reencontramos a questão de Safouan: após a travessia da fantasia como corte, o sujeito não lida mais com o objeto *a* que o divide. Outra dificuldade: com o corte ou o corte do plano projetivo, *a* e $\$$ não podem ser convertidos um no outro, como escreve o punção. E agora? Pois bem, vai-se recorrer à cadeia de Whitehead. Porge escreve:

> **A essa cadeia a dois elementos, chamada cadeia de Whitehead em matemática, eu chamei de nó da fantasia, seguindo as indicações de Lacan no fim de seu seminário *Mais, ainda*.**

Seríamos remetidos a um momento anterior ("eu a chamei"), no qual Porge teria nomeado como "nó da fantasia" a cadeia de Whitehead? Na falta de uma outra indicação bibliográfica, a pesquisa muda bruscamente de direção. Quanto a essa nomeação que se abriga em indicações de Lacan, vamos ver como convém situá-la.

Como a pista se interrompe, foi preciso perguntar a alguns dos que, na época, eram os mais por dentro desses problemas. Jeanne Granon-Lafont se mostrou bastante surpresa com minha pergunta. Ela pensava, como quase todo mundo, que essa nomeação era de Lacan; ou, ainda, que Soury a havia usado, mas ela não foi absolutamente afirmativa. Jean-Michel Vappereau me assegurou que não, que nunca, nunquinha nem Lacan nem Soury tinham falado de um "nó da fantasia". Isso nos convida a atribuir essa nomeação a Porge, como ele próprio indica. Vappereau dizia mais. Ele precisava que, durante reuniões da escola freudiana, justo antes da dissolução e quando a dissolução ainda não era uma questão para nós que tricotávamos matema ao longo do dia, durante o último trimestre do ano de 1980, ele, Vappereau, fez publicamente observar que aquilo de que Lacan falava em *Mais, ainda* era a cadeia de Whitehead e que, segundo ele, essa cadeia era uma escrita da fantasia. Entretanto, ele não deu o passo de chamar de "cadeia da fantasia" a cadeia de Whitehead; mas se lembrava de que Porge o tinha feito e que isso tinha funcionado bem. Com efeito, vocês vão ver, a continuação vai provar isso.

– 1984, um livro de Jean-François Chabaud, *Le nœud dit du fantasme*. Vappereau, a justo título, chama o livro de "uma fetichização da cadeia de Whitehead". E basta ficar trinta segundos com esse livro em mãos para ficar de acordo com ele: papel glacê, estetismo estudado, figuração bem acabada do nó, tudo isso fazendo contraste com as garatujas de cadeias apresentadas por Lacan quando de seu seminário. Chabaud escreve que se trata de uma cadeia "que a exegese nomeia com mais frequência de 'nó dito da fantasia' (nota: ou da não-relação sexual)". A estrutura em abismo tem por que alertar: se a exegese nomeia o "nó dito da fantasia", quem o diz tal? Não necessariamente a exegese. E então?

– 1984, um artigo de Erik Porge (*Littoral* nº 11/12). Sob a forma de um "quadro" (pp. 249-250), o artigo nos oferece a "lista das significações do punção no ensino de Lacan", ou ainda, o que não é a mesma coisa, as "leituras feitas por Lacan (implícitas e explícitas ["implícitas": atenção, perigo]) de ◊ na fórmula da fantasia $ ◊ a". Entre essas supostas "leituras feitas por Lacan", Porge apresenta a cadeia de Whitehead, referindo-se ao seminário *Mais, ainda* (logo discutiremos o valor dessa indicação). Essa cadeia é "dita da fantasia" ou "da fantasia". Esse quadro, que diabolicamente faz saber, é um semblante de saber. Diretor de *Littoral* na época, minha responsabilidade estava implicada. Foi um erro, com consequências que não posso avaliar, ter deixado passar, ter publicado isso.

– 1985, um livro de Jeanne Granon-Lafont, *La topologie ordinaire de Jacques Lacan*. Página 107. Esse livro nos oferece uma foto do "nó dito da fantasia" (com f), foto que confirma a fetichização do dito nó. Página 120. A precaução oratória (se é que se trata disso) sobressai e decididamente se trata do "nó da phantasia" (desta vez com ph), enquanto, na página seguinte, as aspas mudam de lugar: ele se torna o nó dito "da phantasia". Todas essas variações indicam que a fetichização do nó da fantasia não funciona tão bem assim. Entretanto, o fato de que uma tal fetichização tenha surgido quase instantaneamente quando se identificava a cadeia de Whitehead como "cadeia (ou nó) da fantasia" basta para indicar o caráter inconveniente de uma tal identificação. Ora, a coisa continua...

– 1987, um artigo de Erik Porge (*Littoral* nº 22). Um parágrafo é decididamente intitulado "O nó da fantasia" (p. 67).

Em resumo: nunca Lacan, Soury ou Vappereau mencionaram um "nó – ou uma cadeia – da fantasia". Em contrapartida, encontramos um desenho tido como correspondente a esse nome em alguns: Porge, Chabaud, Granon-Lafont. Uma certa imprecisão pesa sobre o ato de nomeação, certamente devida a Porge. Este desliza esse nome sub-repticiamente na sua transcrição de um curso de Soury e se põe sob a proteção de Lacan. A fetichização dessa cadeia confirma que, a seu respeito, um problema subsiste.

II – O que temos em Lacan?

Todos, para dar apoio à noção de um "nó dito da fantasia", mencionam sempre os mesmos textos. Guiemo-nos por Chabaud, embora ele apague o problema ao apresentar como equivalentes diferentes cifrações, enquanto que, justamente, são as diferenças que importam (como para os sonhos de repetição segundo Freud: é o pequeno detalhe que difere que é o significante da atualidade do sujeito e não o grande contêiner do que é semelhante).

– *Mais, ainda*. Trata-se da escrita, por Jacques-Alain Miller, de respostas que Lacan lhe teria dado em 22 de outubro de 1973 (enquanto ele transcrevia *Mais, ainda*), isto é, quinze dias antes da primeira sessão de *Les non-dupes errent*, seminário no qual não há o menor sinal de um dito "nó da fantasia" (um fato que seria dos mais surpreendentes se Lacan tivesse inventado esse nó em 22 de outubro de 1973). Aliás, também não há um tal nome naquele dia, mas apenas o seguinte (a propósito da cadeia a dois obtida pela redução da cadeia a três), que se segue aos seguintes quatro desenhos:

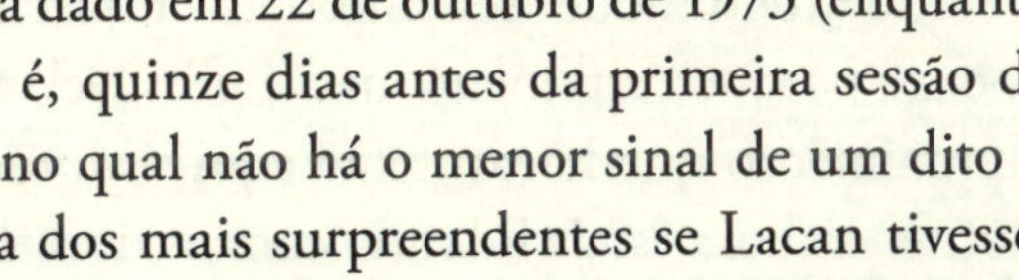

1 2 3 4

> **Ele [o resultado] será um anel simples e um oito interior, aquele pelo qual simbolizamos o sujeito – permitindo, daí, reconhecer no anel simples, que aliás se permuta com o oito, o sinal do objeto *a*, ou seja, da causa pela qual o sujeito se identifica com seu desejo[5].**

Essa frase, evidentemente, é um grande problema – podemos a respeito dela até perguntar se está teoricamente bem formulada. Com efeito, Lacan (se for ele) joga com duas topologias diferentes, cujas regras do jogo, portanto, não são as mesmas nem são alçadas ao mesmo grau de formalização, a das superfícies e a dos nós. Decerto não é a primeira vez que Lacan teria procedido assim, mas isso não nos dispensa de observar que essa maneira cria problemas. A noção de "oito interior" está ligada ao plano projetivo, no qual esse "interior", aliás, já é problemático, já que a superfície em questão, sendo unilátera, não tem exterior nem interior (uma propriedade que, justamente, é importante para Lacan); mas, quando se trata de uma das duas cordas da cadeia de Whitehead, mas, quando se passa das superfícies para os nós como Lacan os aborda aqui, esse "interior" não tem mais nenhum sentido. O que, no caso, parece permitir a Lacan passar de um ao outro oito é sua semelhança gestáltica (de onde esse nome de "oito", que não é um oito como o "interior" não é um interior). O oito do nó acima numerado como 4 se parece com o oito interior do plano projetivo. Por causa disso eles são identificáveis? No plano imaginário, sim. Mas no plano simbólico? Ora, se se trata de matemas, sua identidade deve, de todo modo, ser simbólica. É justamente porque isso não foi provado, e até porque certamente não é provável, que não cabe levar mais adiante a aproximação que Lacan tenta aqui. Em todo caso, ele não o faz e não o fará, e até, embora esteja lidando com os dois elementos presumidos como componentes da fantasia, ele se preserva de chamar essa cadeia de "cadeia – ou nó – da fantasia".

Com efeito, não há apenas uma diferença desprezível entre a escrita dessa cadeia e $ ◊ a. Há duas diferenças essenciais que são as seguintes:

1. Num caso, temos distintamente três termos, no outro, dois, já que o próprio enodamento não pode ser considerado como um termo diferenciado.

2. Num caso, os termos são heterogêneos (e inclusive duplamente, posto que $ e *a* são, já entre si, termos heterogêneos e, além do mais, como termos,

5 Jacques Lacan, *Encore*, Paris, Seuil, p. 123.

portanto tomados em conjunto, heterogêneos a ◊, que não é um termo, mas um conector); no outro, eles são homogêneos (duas vezes são cordas).

O forçamento do movimento que tende a tornar idênticas essas diferentes escritas é patente. Assim, Chabaud dirá que o laço entre $\$$ e *a* no *cross-cap* (isto é, o famoso oito interior) sutura dois espaços heterogêneos, o que é falso. Com efeito, são duas superfícies, e como tal perfeitamente homogêneas.

– *RSI*. Em 11 de março de 1975, a cadeia de Whitehead só aparece na discussão do erro de *Mais, ainda*, retificado por Michel Thomé. De qualquer jeito, se se tratasse do nó da fantasia, isso a partir de 22 de outubro de 1973, seria surpreendente que, voltando a ele dois anos depois, Lacan não dissesse nada sobre ele!

– *O sinthoma*. Trata-se da sessão de 17 de fevereiro de 1976, também regularmente citada para apoiar a existência de um "nó da fantasia". Já que Lacan, nesse seminário, nem mesmo titubeou e chamou um certo nó de "nó de Lacan", torna-se francamente improvável que ele tenha pensado "nó da fantasia" sem nunca tê-lo dito.

A esse respeito, a citação de Chabaud que apoia sua fetichização da cadeia da fantasia está truncada. Ele corta o texto de Lacan justo o necessário para que não se perceba que Lacan não identifica uma das consistências, a circular, ao objeto *a*, nem ao sujeito, mas ao sinthoma. Trata-se explicitamente da função da corda do sinthoma, capaz de reparar um erro de por-baixo-por-cima cometido no nó borromeano de três rodas de barbante, depois que sua triplicidade tenha sido transcrita pela do nó de trevo, erro que faz com que esse nó se torne um simples círculo, cessando assim de ser suporte da triplicidade essencial do sujeito. O nó assim obtido não é uma cadeia de Whitehead:

É então que Lacan desenha essa cadeia de Whitehead para estudar o seguinte problema: é a mesma coisa ou não quando a reparação é produzida no lugar do erro (identificado por ele a um lapso) ou em outro lugar? De ponta a ponta, em nenhum momento se trata, durante toda essa sessão de seminário, de fazer de uma corda o suporte de S̸ e da outra o suporte de *a*. Isso por uma razão muito simples, porque a exigência fundamental, a que é discutida porque é colocada em questão pelo erro inicial, é que "algo subsiste da primitiva estrutura do nó a três"[6].

Então a cadeia de Whitehead interessa a Lacan na medida em que as duas consistências nela são estritamente equivalentes, trocáveis sem que a estrutura se modifique em nada (inclusive, observa ele, do ponto de vista do giro: levogiria ou dextrogiria). Ora, essa cadeia de Whitehead é obtida se, ao invés de corrigir o erro cometido no nó a três no lugar onde ele foi produzido, corrige-se-o em outro lugar. Assim, por exemplo:

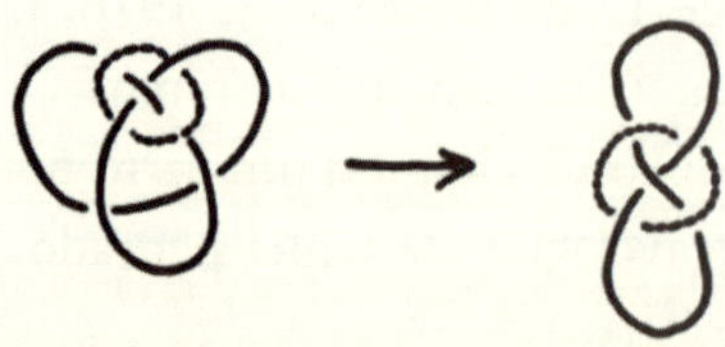

A demonstração se conclui assim:

Não há, portanto, no nível do sinthoma, equivalência das relações entre o verde e o vermelho, para nos contentar com essa denominação simples [*sublinho: justamente, trata-se de se contentar com isso*]. É na medida em que há sinthoma que não há equivalência sexual, isto é, que há relação; pois é certo que se dizemos que a não-relação vem da equivalência, é na medida em que não há equivalência que a relação se estrutura.

Durante toda essa mostração, a rodela de barbante corretora continua sendo chamada de sinthoma: nunca de objeto *a*; e a outra corda nunca é identificada ao S̸. Não se ficará surpreso, portanto, que em nenhum lugar nessa sessão se fale da fantasia (embora seja feita uma referência, nessa mesma sessão, ao encontro com Miller, no qual este menciona sua transcrição de *Mais, ainda*).

Fica claro que chamar essa cadeia de Whitehead de "cadeia da fantasia" equivale a nos fazer tomar o sinthoma como um objeto *a*! Eis-nos aqui, com efeito, nas paragens do fetiche. Vê-se também o quanto é abusivo falar de "cadeia da relação (ou da não-relação) sexual". Essas cadeias evidente-

6 J. Lacan, *Le sinthome*, sessão de 17 de fevereiro de 1976, p. 11.

mente não existem, já que, segundo Lacan aqui, só haveria relação sexual pelo sinthoma.

UMA PSEUDOTEORIA LACANIANA: A "TRAVESSIA DA FANTASIA"

Acabamos de desqualificar a nomeação "nó da fantasia" para a cadeia de Whitehead. É tempo de precisar que essa nomeação, que notadamente teve como prolongamento uma fetichização dessa cadeia, era, em si mesma, apenas uma consequência – em si não necessária, entretanto significativa – de uma derrapada que veio de mais longe. Chamemos essa derrapada de rumor, o da "travessia da fantasia".

O interesse de identificar como rumor a dita "travessia da fantasia" é o de sublinhar seu caráter "no ar", que, evidentemente, é o que o rumor como rumor desconhece. Segundo esse rumor, a "travessia da fantasia" corresponde a uma dupla realidade: é a realidade do fim da análise, é também um fato que Lacan disse que tal era esse fim. A segunda realidade é mais facilmente tratável. É por ela que abordaremos o problema.

Primeiro observemos o seguinte: a não ser que um novo elemento seja acrescentado ao dossiê, Lacan falou uma única vez da "travessia da fantasia", em 24 de junho de 1964, na última sessão do seminário 1963-1964, *Os fundamentos da psicanálise*. Esse seminário foi o primeiro publicado pela Seuil no início de 1973. Essa "travessia da fantasia" não provocou muita marola, na EFP, nem em 1964 nem nos anos que se seguiram. Houve pelo menos uma pessoa que tenha falado sobre ela durante as múltiplas reuniões que ocorreram na época? Tenho sérias dúvidas disso. Seria preciso verificar.

Em 1973, então, sai o seminário de 1964, transcrito por Miller; ora, é ainda Miller quem, em 22 de outubro desse mesmo ano de 1973, interrogando Lacan para sua transcrição do seminário *Mais, ainda*, obtém como resposta, ou como não-resposta, essa cadeia a dois que Vappereau identificará mais tarde como sendo a cadeia de Whitehead. Já que, durante essa entrevista Lacan-Miller, uma das cordas dessa cadeia a dois teria sido identificada por Lacan como $ e a outra como *a*, certamente podemos nos perguntar se Miller, que, portanto, acabava de editar "a travessia da fantasia", já não tinha feito, desde essa época, a aproximação entre essa cadeia a dois e a escrita da fantasia. Entretanto, nada atesta isso, o que equivale a uma resposta negativa.

Vamos dar alguns balizamentos.

– Entre 1964 e 1973, houve a "Proposição...", na qual – como era de se esperar – o mesmo problema que em 1964 – fantasia/fim de partida – se apresenta; no entanto, de jeito nenhum está em questão, literalmente falando, uma "travessia da fantasia".

Em 1973 e nos anos seguintes, a despeito da publicação dos ditos *quatro conceitos fundamentais da psicanálise*, não encontramos praticamente nada relacionado à "travessia da fantasia".

– No início de novembro de 1973, houve esse apogeu da escolaridade (no qual Lacan era um entre outros da escola): o congresso da EFP em La Grande Motte, amplamente orientado pela transferência e pelo passe. Estamos quase dez anos após Lacan ter falado, mas por uma única vez, da travessia da fantasia; na Grande Motte, algumas vezes se fala da relação da fantasia com a transferência[7] e, no entanto, nada, não há nenhum aparecimento da "travessia da fantasia". Inclusive em Lacan! Numa de suas intervenções[8], Lacan aborda o passe como clarão, como um desvelamento que o passante não saberia por onde pegar[9], mas não estabelece nenhuma relação entre esse clarão e a fantasia em fim de partida.

– Em 21 de dezembro de 1976, intervenção de Alain Didier-Weill no seminário de Lacan. Ali se fala da "travessia da fantasia" (Didier-Weill remete nomeadamente ao "seminário XI"). Essa menção da travessia da fantasia não teve então, a meu conhecimento, nenhum eco.

– Em 1977, um artigo de Miller publicado em *Ornicar?*, "Introdução aos paradoxos do passe", provocou um certo barulho, principalmente por-

7 *Lettres de l'école freudienne*, nº 15, juin 1974, p. 44 e seg.

8 Retomada em *Ornicar?*, nº 12/13, "Sur la passe", 1977.

9 *Lettres de l'école freudienne*, ob. cit., p. 192.

que distinguia dois passes, o momento e o procedimento (a distinção estava errada do próprio ponto de vista do que estava em jogo – observação que torna mais estranha ainda a agitação provocada). Não há nenhuma palavra, entretanto, nesse artigo, sobre a "travessia da fantasia".

– Deauville, 7 e 8 de janeiro de 1978, *Congresso sobre o passe*. Também aí, não se pode dizer que a "travessia da fantasia" esteja no primeiro plano. Colette Rouy a ignora, numa exposição no entanto intitulada "Do objeto *a* como pivô no fim de análise e a demanda de passe". Aliás, nem mesmo a própria palavra "fantasia" aparece em algum lugar no seu texto! Claude Conté, na sua exposição, fala de "travessia da fantasia", sua frase reúne os defeitos da paráfrase e da aproximação[10]. Também não há nada, em Deauville, da boca de Lacan. Em sua intervenção conclusiva, ele se interroga: o que é a crença no analista como sujeito suposto saber? Resposta do analista à dita crença: que ele saiba o limite de seus meios[11]! É o que reencontramos com o conceito de uma erotologia como meio.

– Setembro de 1979: o artigo "Encyclopédie", escrito por Miller para a *Encyclopedia Universalis* não inclui "travessia da fantasia". No entanto, o laço entre $\$$ e *a* é mencionado, mas em referência ao *cross-cap*[12].

– 13 de dezembro de 1979: a título de *terminus ad quo*, encontramos a conferência "Todos lacanianos"[13]; também não há travessia da fantasia, mas Miller observa que o punção, abreviação de operações diversas, certamente diversas demais, com efeito, se origina numa simililógica. Há aí, observa ele muito justamente, um ponto de "precariedade". E certamente se pode perguntar se, alguns meses mais tarde, em julho, em Caracas, a travessia da

10 "[...] aquele que se torna analista é alguém para quem algo da coisa da fantasia se encontra a descoberto, ou para quem a fantasia é literalmente uma dimensão que não é considerada; isso rateia; o nó não se faz, ou, em todo caso, não nesse lugar onde aparece o impossível. Ou bem há travessia da fantasia: a constituição do sujeito como *a* vai além do que a função limitada do desejo implica; ela chega a se desnudar e mostrar o que constitui sua condição significante", Claude Conté, "La demande dans la passe", *Lettres de l'école*, nº 23, p. 40.

11 *Ibid.*, "Discussion", p. 181.

12 *Ornicar?*, nº 24, 1981.

13 *L'âne*, nº 1, avril-mai 1981, pp. 28-29.

fantasia não vai vir tentar preencher esse ponto de precariedade.

Com efeito, em muito pouco tempo, no momento da dissolução, ou mesmo, para ser mais preciso, da destruição da EFP (nada indica que ela tenha sido concluída), estaremos lidando com uma espécie de chama: o rumor "travessia da fantasia" se eleva, depois muito rapidamente se espalha; inclusive é essa temporalidade tão especial que melhor apoia nossa referência ao rumor. Vamos dar o que resta como vestígios dele, mas após observar que, no momento mesmo em que se tratava do passe e do fim de partida analítica, aqueles que, na época, estavam engajados na "experiência", como se dizia, permaneciam singularmente silenciosos. Não foram eles, mas, justamente, outros, efetivamente distantes do passe, que recolheram e fizeram circular o rumor da travessia da fantasia. A começar por Miller, que foi aquele que colocou lenha na fogueira. Ele o fez para responder ao que declarava em dezembro de 1979, no Instituto Oceanográfico, isto é, que era preciso dizer coisas novas com palavras novas[14]? Pode-se pensar assim. Eis, portanto, uma nova lista, a da chama.

– *Delenda*, nova série, nº 2 (20 de outubro de 1980). Artigo de Miller, "Pour la passe, ou dialectique du désir et fixité du fantasme", retomado sob um outro título ("D'un autre Lacan") em *Ornicar?*, nº 28, primavera de 1984. O artigo de *Delenda* daria, nos garantem, extratos da intervenção de Millet em Caracas em julho de 1980, aquela que procedeu ao lançamento da "travessia da fantasia". A travessia da fantasia seria como que o supra-sumo desse "outro Lacan" (primeira frase em Caracas: "Vou tentar lhes falar de um outro Lacan"), a nova "boa nova". Não digo, à moda de Roudinesco, "a nova palavra de ordem", mas o contexto não se oporia a isso. O fato de que Miller e seus comparsas tenham, na época, francamente se oposto ao passe era um segredo de Polichinelo. Assim é com esse "pelo passe", título da exposição de Miller em Caracas, que não deixava, já na época, de soar como um título político, como um chocalho do qual precisava uma corrente "lacaniana" que estava se constituindo. A "travessia da fantasia" vai ser o nome da razão invocada para fazer passar como verdade o chocalho do "pelo passe". Além disso, não se pode evitar de observar que, embora tenha sido em Caracas que surgiu

14 E. Roudinesco, *La bataille de cent ans*, Paris, Seuil, 1986, T. II, p. 652.

da boca de Miller a "travessia da fantasia", foi no próprio instante em que Lacan, como aliás disse alguém que estava bem situado para julgar a coisa, era carregado como um fetiche[15].

Em Caracas, a exposição de Miller opõe o impasse em Freud ao passe em Lacan. Não vou discutir passo a passo esse texto para lá de aproximativo[16]. Miller formula que Freud esperava da experiência que ela fornecesse uma fórmula da relação sexual (belo exemplo de anacronismo, tão frequente no lacanofreudismo), que os pós-freudianos "não pararam de construir fórmulas da relação sexual" (o que também os enlacaniza), que Lacan, ao contrário (sempre o mesmo esquema ternário, do qual Lacan usou e abusou, estando os freudianos em posição de contraste de ênfase), ao ter indicado que não há relação sexual, situa o fim da análise no nível do objeto, desse objeto "que obtura a relação que não há".

O fim da análise, a partir daí, na medida em que supõe o advento de uma ausência, se refere à travessia da fantasia e à separação do objeto[17].

Foi esse, portanto, o texto inaugural do rumor. A fantasia, dizem-nos, é o grande recurso que impede o discurso de ser poeta, de sempre repercutir, e a "travessia da fantasia" é o que permitirá a Lacan ser coisa diferente de um "Jung do significante", dessexualizando o desejo graças às palavras. Ora, é exatamente o que se está fazendo com a travessia da fantasia! Eis o texto:

> **[...] o fim da análise é jogado, segundo Lacan, no nível da fantasia e diz respeito especialmente à função do objeto *a*, ou seja, à *fratura*, ou travessia, da fantasia.**
>
> **A estrutura fundamental da fantasia não é a estrutura das formações do inconsciente. Se o discurso analítico se apoia na segunda, ele põe em evidência a primeira – e ele é feito da articulação desses dois pares: $S_1 - S_2$ e $\$ - a$.**
>
> **Quando a dita "influência de Lacan" se traduz pela valorização unilateral dos ditos "jogos do significante", ela tem como efeito uma desorientação completa da experiência analítica.**

---

15 *Ibid.*, p. 667.

16 Ele confunde, por exemplo, interpretação analítica e hermenêutica religiosa, ele declara, tendo como fundo a definição lacaniana da análise como "paranoia dirigida", que só um paranoico pode dirigir uma paranoia – enquanto se há alguém que não o pode é bem o paranoico, etc.

17 *Delenda*, nº 2, p. 4.

> **Idealiza-se a experiência quando se passa em silêncio sobre a função de repetição da fantasia, a inércia que ela assegura ao desejo, o engolimento de sua metonímia que ela efetua, o estilo de estagnação, a aparência de repetição que ela dá à maior parte da experiência.**
>
> **Ora, por um efeito singular, o entusiasmo, até mesmo a crise pseudomaníaca induzida pelo próprio procedimento do passe frequentemente favoreceu essa idealização nos que deveriam ter sido os mais capazes de a ela se opor.**
>
> **A "travessia da fantasia"** [*aspas sem referência bibliográfica*] **certamente dá asas, mais eis que alguns são albatrozes, outros, pombas de Platão!**

É esse o final do texto. A "travessia da fantasia" soa como um toque de trombeta para a abertura da operação "um outro Lacan". Há aí um *a priori*, acentuado como tal: contra os jogos do significante, contra a letra e pelo objeto. Claro que essa oposição é essencialmente não fundamentada, já que se trata, pelo contrário, de pensar seu jogo conjugado, de escrever como "o dizer deixa dejetos"[18].

– 20, 27 de novembro e 4 de dezembro de 1980. Após o artigo de 20 de outubro de 1980, citemos aqui essas três datas como referências de três conferências de Miller sobre o fim da análise e "pelo passe".

Mas outros já se aproveitaram da levantada de bola e colocaram o rumor em circulação:

– *Delenda*, nº 4 (26 de janeiro de 1981). A travessia da fantasia é discutida por Safouan (p. 3) e por Safouan e Porge (pp. 4 a 8),

– *Delenda*, nº 5 (5 de fevereiro de 1981). A travessia da fantasia é discutida num artigo de Gérard Pommier, que, sendo generoso na obediência, ratifica a distinção passe 1 / passe 2,

– *Delenda* nº 6 (17 de março de 1981). Artigo de Miller, um extrato da conferência de 20 de novembro.

Ainda dessa vez, Miller leva adiante a oposição letra/objeto. Lacan disse

18 J. Lacan, em 2 de novembro de 1973, *in Lettres de l'école freudienne*, nº 15, p. 71. Trata-se da publicação com o subtítulo *Televisão* do que foi dito na televisão. "É estritamente conforme à minha ideia do que é o dizer. O dizer deixa dejetos – e só se pode recolher isso...".

que o passe tinha a estrutura de um chiste; dar dele uma versão objetal parece contrariar quem quer apresentá-lo como uma travessia da fantasia. Eis como Miller se sai dessa, ou melhor, ao crer se sair, nós entrega a verdadeira razão de ser de sua distinção passe 1 passe 2.

> **Admito, no que precede, que a estrutura do passe é homóloga à de uma formação do inconsciente. Lacan o disse. Não deixa de ser um paradoxo** [*mas não! Por que seria um paradoxo se não fosse porque se opõe letra e objeto?*], **na medida em que o passe está fundamentalmente no nível do objeto. Para ser mais preciso: o dispositivo do passe recupera no nível do significante o momento do passe, cujo essencial se joga no nível do objeto**[19].

A sequência desse rumor de uma travessia da fantasia e de seu nó (que presumidamente formaliza essa travessia) não se deixa localizar apenas na École de la cause freudienne. Um livro é testemunha:

– Setembro de 1983. Contardo Calligaris, *Hipótese sobre a fantasia*, publicado pela Seuil. Aliás, o autor já tinha feito uma intervenção nas noites *Delenda* para falar da travessia da fantasia; seu livro, discutido por François Wahl antes da publicação, não apenas volta a colocar a travessia da fantasia, mas se fundamenta nela (cf. pp. 46-7, 63), e isso quase na mais pura inocência, como se essa travessia fosse, é claro, de Lacan:

> **No entanto** [*leia-se, em conclusão*], **se faço minha a ideia de Lacan do fim da análise como travessia da fantasia, é, certamente, na medida em que ela me fez seu**[20].

O autor bem se dá conta da maneira como a frase poderia ser lida: adotar a travessia da fantasia faz você ser lacaniano (uma confirmação do Lacan fetiche de Caracas). Calligaris tenta, então, atenuar sua afirmação; na nossa opinião, em vão:

> **quero dizer: na medida em que ela me permitiu simbolizar o que se passa no fim de uma cura psicanalítica.**

---

19 *Delenda*, nº 6, p. 4.

20 Contardo Calligaris, *Hypothèse sur le fantasme*, Paris, Seuil, 1983, p. 235.

Sim, acabo de dizer: "adotar a travessia da fantasia faz você ser lacaniano". Além do mais, na frase de Calligaris, a iniciativa dessa adoção vem do outro. Não se pode garantir melhor que essa teoria do fim da análise não é de Lacan, pois – está aí um traço fundamental e permanente de seu percurso – não há nada, em Lacan, que possa oferecer a quem quer que seja uma tal garantia, inclusive, por certo, ao próprio Lacan. Mas está dito: a travessia da fantasia foi um signo identificatório de pertencimento (a quê? à família).

A FANTASIA... E O PARA ALÉM

Qual é o problema? Bem se poderia admitir, sobretudo depois da publicação "derridiana" do *Verbier de l'homme aux loups*, que o acento colocado por Miller no objeto (se fosse apenas acento) não foi mal vindo. Em contrapartida, não se podia admitir o binário, a oposição letra/objeto que se instaurava.

Resta essa questão: a retomada, em 1980 e nos anos seguintes, do texto de Lacan de 1964, do único texto dele em que é feita menção a uma travessia da fantasia, essa retomada aliás selvagem, não problematizada, feita por toda uma plêiade de pessoas seguindo Miller (Porge, Safouan, Chabaud, Granon-Lafont, Pommier, Calligaris), é, vista hoje, legítima?

Se se tivesse citado o texto de 1964, se teria localizado a "travessia da fantasia" num momento dado do trilhamento de Lacan e talvez se pudesse se perguntar se o que foi trilhado nesse entretempo, isto é, nada menos que *A lógica da fantasia*, a "Proposição de outubro de 1967..." e o seminário *O ato psicanalítico*, se, tendo isso intervindo, a própria possibilidade de uma travessia da fantasia não se encontrava subvertida.

Essa questão é ainda mais imperiosa porque se pode perguntar se, de certos pontos de vista, o texto de 24 de junho de 1964 não serviu a Lacan para escrever sua "Proposição". Com efeito, essa sessão na qual se fala da travessia da fantasia termina, como a "Proposição...", numa referência ao que Lacan chama – erroneamente, embora esse erro tenha sido, continue a ser amplamente compartilhado – "o holocausto" (em 1967, ele dirá o "campo de concentração"). Outros indícios ainda nos assinalam que as páginas 27, 28, 29 da "Proposição...", versão

Scilicet nº 1, são escritas em referência ao que se tornará a página 246 dos *Quatro conceitos*. Mais uma razão para ficar atento às diferenças.

Eis aqui, pois, o texto de 1964, versão Seuil:

> **É para-além da função do *a* minúsculo que a curva se fecha, lá onde ela jamais é dita, no que concerne à saída da análise. A saber, após a situação do sujeito em relação ao *a*, a experiência da fantasia fundamental se torna a pulsão. O que se torna então aquele que passou pela experiência dessa relação opaca à origem da pulsão? Como um sujeito que atravessou a fantasia radical pode viver a pulsão? Isso é o para-além da análise e nunca foi abordado. Só é abordável, até o presente, no nível do analista, na medida em que seria exigido dele ter precisamente atravessado, em sua totalidade, o ciclo da experiência analítica.**

E agora o texto de 1964 na versão estenografada:

> **É para-além da função do (a) que a curva se fecha, se fecha lá onde ela jamais é dita, no que concerne à saída da análise, a saber, isso, após essa situação do sujeito em relação ao (a), essa experiência da fantasia fundamental, se torna a pulsão.**
>
> **Pois, para-além, é a pulsão que está em causa. O que se torna aquele que passou por essa experiência relativa a essa relação opaca à origem por excelência com a pulsão, como pode ser vivida por um sujeito que atravessou a fantasia radical, como, a partir daí, é vivida a pulsão.**
>
> **Isto é o para-além da análise e nunca foi abordado. Ela só é abordável, até o presente, no nível do analista, na medida em que seria exigido do analista ter precisamente atravessado, em sua totalidade, o ciclo da experiência analítica.**

Não discutirei os numerosos problemas levantados pelo estabelecimento desse texto, que entretanto sofre, com a versão Seuil, numerosas e intempestivas transformações. Vai nos bastar assinalar que "atravessar" tem duas ocorrências: travessia da experiência em sua totalidade (é a exigência ferencziana) e travessia da fantasia radical. Essas duas ocorrências, aliás, vêm depois de uma terceira, a da linha de autotravessia do *cross-cap*. Então, antes se deveria falar de uma problemática das travessias. E, se se devesse colocar essa problemática no singular[21], mais valeria falar de uma problemática do para-além da fantasia (primeira palavra do texto citado). Com efeito, não há "a" travessia da fantasia nesse texto, mas apenas "um sujeito que atravessou a fantasia". E que vive a pulsão. A questão não é tanto a da dita travessia, mas a desse para-além. Questão, aliás, clássica em Lacan, já que ela está perfeitamente escrita no primeiro grafo, já que ela já recebeu um certo número de respostas, notadamente uma resposta, que não poderia ser mais precisa, na leitura de *Hamlet*. E, já que esse grafo inscrevia um certo número de vias, usemos essa metáfora: o erro de utilizar como argumento a travessia da fantasia consiste em se perguntar o que se passa na travessia de Caracas para um viajante que vai do México a Córdoba, enquanto a questão de Lacan era claramente a de saber o que se passa em Córdoba uma vez que Caracas tenha sido atravessada.

Consideremos, pois, o problema fazendo um mínimo de recuo. Qual era o passo justo antes da emergência dessa problemática do para-além? Miller pontua essa sessão segundo três momentos, sendo o da "travessia da fantasia" o número 2. Isso já é conceder muito a essa travessia. Mas eis o início desse texto que ele separa (aqui em versão quase estenografada):

> **Se a transferência é a colocação em ação do inconsciente, será que se quer dizer que a transferência poderia ser liquidar o inconsciente?**
>
> **Será que não temos mais inconsciente após uma análise? Ou será o sujeito suposto saber, para tomar minha referência, que deveria ser liquidado? De todo modo, seria singular que esse sujeito suposto saber, suposto saber algo de vocês e que, efetivamente, não sabe nada, pudesse ser considerado como liquidado no momento em que, no fim de análise, justamente, ele começa, sobre vocês, a saber pelo menos um pouco, em que isso que no princípio era suposto é seguramente uma parte de realidade.**
>
> **É no momento, pois, em que ele tomaria mais consistência que esse sujeito suposto saber deveria ser pulverizado.**

Lacan descarta, pois, essa solução, em nome de um argumento que, com efeito, parece de puro bom senso. Então ele vai encontrar uma outra:

> **Só pode se tratar, se o termo liquidação tem um sentido, dessa permanência de liquidação da enganação pela qual a transferência ten-**

21 Mas não se deve!

> **de a se exercer no sentido do fechamento do inconsciente, e cujo mecanismo eu lhes expliquei [...].**

Ora, essa questão de jeito nenhum será colocada nos mesmos termos após 1967, o que impede reivindicar o texto de 1964 para colocar como argumento, em 1980, a travessia da fantasia (e facilmente se apreende por que verdadeiramente não se faz referência a ele). Em 1964, o problema da liquidação da transferência se apresenta a partir da evidência de que está excluído que o sujeito suposto saber, no momento em que seria sabedor, possa ser liquidado; ora, é precisamente o que será admitido em 1967:

> **Pois ele rejeitou o ser que não sabia a causa de sua fantasia no momento mesmo em que, enfim, esse saber suposto, ele se tornou[22].**
> **Ora, o que quer dizer análise da transferência? Se ela quer dizer alguma coisa, ela só pode ser isto: a eliminação desse sujeito suposto saber. Não há, para a análise, não há, muito menos ainda, para o analista, em lugar nenhum – e aí está a novidade[23] –, sujeito suposto saber[24].**

Em outras palavras, Lacan reconhece explicitamente que o fato de que o psicanalista tenha se tornado sabedor não é mais um obstáculo à eliminação do sujeito suposto saber. Este, aliás, de todo modo, não existe – mesmo quando insiste. Em relação a 1964, é uma mudança completa de direção.

Seguindo essa mudança, pode-se até levantar a questão que, em 1964, tinha suscitado uma espécie de recuo horrorizado: será que um analisado continua a ter um inconsciente? Isso, com efeito, não está mais garantido. Talvez não tenha mais inconsciente, o que não o impede de dar, no caso, mancadas – mas, justamente, a *unebévue* não é *mais* o inconsciente[25]. Ser

---

22 "Proposição...", *Scilicet*, nº 1, p. 25.

23 Que não deixa, como acontece frequentemente com Lacan, de já ter sido entrevista. Guy Le Gaufey, em *L'incomplétude du symbolique* (Paris, EPEL, 1991, pp. 178-179), cita a passagem de Lacan de 22 de novembro de 1961 na qual se lê essa entrevisão. A distância em relação a 1967 pode também ser medida no fato de que, em 15 de novembro de 1961, Lacan declara que só há uma espécie de sujeito do *cogito*, o sujeito suposto saber, fórmula que, julgada com a medida das elaborações ulteriores (por exemplo, a do segundo grafo, cujos termos são pautados pelo *cogito* e no qual se apoiam os seminários *A lógica da fantasia* e *O ato psicanalítico*), se mostra como um erro.

24 *L'acte psychanalytique*, sessão de 29 de novembro de 1967.

25 Jean Allouch, "Adolf Grünbaum: d'une juste critique en porte à faux", *L'unebévue*, nº 10, *Critique de la psychanalyse et de ses détracteurs*, 1997.

analisado seria só ter a ver com *unebévue*. Essa definição do analisado vem de uma rejeição definitiva desse sujeito suposto saber, dessa figura fantasmática [*fantomatique*] que facilmente vem dar corpo ao conceito de inconsciente – a ponto de Lacan ter podido identificar os dois.

Lemos que, em 1964, a referência a uma "travessia da fantasia" claramente caminha, em Lacan, junto com algo como um "não toque no meu sujeito suposto saber". E é precisamente isso que se encontra, em 1980, 1981 e nos anos seguintes, em outras palavras, quando Lacan está morrendo e depois de morto, retomado sob a forma do Lacan fetiche. O que é que passa ao esquecimento por esse "assim fazem fazem fazem as marionetezinhas"* com o qual se diverte os lacano-americanos, por esse movimento a duas mãos, uma mantendo a travessia do fantasma como *slogan*, a outra designando, na sala, um Lacan fetichizado, detentor do saber? Omite-se essa própria questão que a da travessia da fantasia obturou, tomando seu lugar (o que era possível, já que as duas questões estavam próximas), a do "para-além da função do *a*", a da pulsão. Como ela é vivida por um sujeito que atravessou a fantasia radical? É a questão da erotologia analítica.

Vocês observem, reabrimos hoje enfim, ao reconhecer que a psicanálise é uma erotologia, uma questão que foi expulsa em Caracas, em 1980. Caracas, eu diria para fazer ouvir a coisa (a coisa... freudiana, isto é, "o que Freud deixou cair"[26]), vinha no mesmo lugar de "Análise terminável, análise interminável". Aliás, seguiu-se, igualmente, um refluxo teórico.

Apreendemos agora a razão da importância atual do seminário *A angústia*. Ele é, com efeito, aquele em que Lacan tenta levar a análise para além desse testamento de Freud. Porque ele então distingue o ponto do desejo (da fantasia) e o da angústia (do orgasmo). Lacan agora tem a possibilidade de di-

---

26 J. Lacan, *L'angoisse*, sessão de 16 de janeiro de 1963 (p. 35).

* Primeira frase de uma cantiga usada nas brincadeiras infantis: Ainsi font, font, font / Les petites marionnettes / Ainsi font, font, font / Trois p'tits tours et puis s'en vont // Les poings aux côtés, / Marionnettes, marionnettes / Les poings aux côtés, / Marionnettes / Sautez, sautez! // La taille cambrée, / Marionnettes, marionnettes / La taille cambrée, / Marionnettes, / Dansez, dansez! // Puis le front penché, / Marionnettes, marionnettes / Puis le front penché, / Marionnettes / Saluez, saluez! [Assim fazem, fazem, fazem / As maionetizinhas / Assim fazem, fazem, fazem / Três voltinhas e depois se vão // As mãos do lado / Marionetes, marionetes / As mãos do lado, / Marionetes / Saltem, saltem! // O corpo dobrado, / Marionetes, / Dancem, dancem! // Agora a cabeça abaixada, / Marionetes, marionetes / Agora a cabeça abaixada, / Marionetes / Saúdem, saúdem!]. (NT)

zer o que o analisando pede a um analista freudiano (no sentido de "Análise terminável, análise interminável"). Ele lhe pede o falo, o que facilmente pode ir ao encontro de uma demanda de analista neurótico[27]: demanda que lhe demandem o falo. Como ele não o tem, como qualquer um, o analista, nessa demanda, se manifesta como suscetível de dar o que ele não tem, em outras palavras, de amar. E eis a psicanálise transformada em religião de amor. Tal seria, pois, a batelagem erotológica dos analistas que brandem o falo (Maurice Bouvet foi, para Lacan, a figura emblemática disso, com seu fim de análise pensado como incorporação do falo do analista pelo analisando[28]). Se, na psicanálise, o nome de Lacan quer dizer alguma coisa, é o desejo, é a tentativa de que a análise não se reduza a isso.

> **Se, no fim da análise freudiana, o paciente, seja qual for, homem ou mulher, nos reclama o falo que lhe devemos, é em função de algo insuficiente, pelo que a relação do desejo com o objeto que é fundamental não foi distinguida em cada nível do que está em questão como falta constituinte da satisfação[29].**

Há uma questão erotológica a respeito da falta da satisfação, do alcance, da função dessa falta, questão que se coloca para-além daquela da constituição do desejo pela fantasia.

Esse para-além não teria sido uma questão momentânea em Lacan? De jeito nenhum. Se o grafo do desejo já o inscrevia claramente, desde o final dos anos cinquenta, lidamos também com esse para-além bem depois do seminário *A angústia* (no qual ele se encontra exposto de uma maneira que vimos ser decisiva), até seus últimos trabalhos. Foi assim nas observações relativas ao filme *O império dos sentidos*, cuja projeção era, na época, reservada a um público seleto. Eu cito:

> **O erotismo feminino parece aí ser levado – < não > vou, simplesmente a partir de um filme, fazer uma linha de partição – [...] a seu**

---

27 Alusão à notação clínica de Lacan segundo a qual o neurótico demanda que se lhe demande.

28 Esse didata professor bem que detinha o falo, como testemunha a seguinte piada, contada por Wladimir Granoff. Um analista em supervisão perguntou a Bouvet: "A partir de que grau de febre se pode liberar de pagamento um analisando por uma sessão que não ocorreu em razão de doença?". Longo silêncio, depois a resposta: "Trinta e nove". O mestre tem, pois, um termômetro!

29 J. Lacan, *L'angoisse*, sessão de 15 de maio de 1963, p. 513.

> **extremo; e esse extremo é a fantasia, nem mais nem menos, de matar o homem. Mas isso não basta. É preciso que após tê-lo matado se vá mais longe. Após – por que após? Aí está a dúvida – essa fantasia, a japonesa em questão, que é uma prostituta mulher – deve-se dizer – corta o pau [*queue*] – é assim que se chama – de seu parceiro. Nós nos perguntamos por que ela não o cortou antes; é porque é uma fantasia, ainda mais porque – eu não sei como ocorre após a morte, mas há muito sangue no filme! Acho que os corpos cavernosos ficam bloqueados, mas, afinal, não sei nada sobre isso. Há aí um ponto que há pouco chamei de dúvida. E é aí que se vê bem que a castração não é a fantasia. Ela não é tão fácil de situar – eu falo da sua função na análise –, ela não é fácil de situar, já que ela pode ser fantasiada. É por isso que volto a meu F, que também pode ser a primeira letra da palavra fantasia.**

Nesse texto de 16 de março de 1976, não há apenas um para-além da fantasia, pois esse para-além é inclusive a questão clínica levantada. Lê-se que ele pode ser fantasiado, digamos, ser colocado fantasiosamente, por meio do que a gente se pergunta: não é exatamente o que faz também o convite à "travessia da fantasia"? O que não impede, lê-se como conclusão, que a castração não seja a fantasia. Recebida com as análises clínicas de *A angústia* e aplicada a *O império dos sentidos*, a fórmula se deixa transcrever: a separação do objeto na fantasia, nomeada em *A angústia* "separtição [*sépartition*]"[30] (o assassinato do homem), deve ser distinguida daquela em relação ao falo simbólico, esta nomeada castração (pela qual o homem é separado de seu pau).

30 Ver aqui mesmo a primeira sessão.

Pequeno suplemento sobre uma Escola Lacaniana abortada

Ter sido exitoso numa travessia era,
na Grécia, uma prova de inocência.

Em que momento a travessia da fantasia foi promovida como teoria do fim de partida? E por quem? Resposta: por alguns que estavam justamente efetuando uma travessia! Qual travessia? Aquela que iria fazê-los passar da escola para a família.

Permito-me aqui remeter a "Gel" (cf. Le transfert dans tous ses errata, Paris, EPEL, 1991), onde eu identifico, parece-me que com suficientes fatos em apoio, o modo de transmissão colocado em operação por Lacan e alguns membros de sua família subsequentemente à dissolução da École Freudienne de Paris como uma transmissão epiclera*. Mas que relação tem isso com a travessia da fantasia, em outras palavras, com o descarte do passe? A família não pode fazer escola e, logicamente, rejeita o passe que, a essa escola, está intrinsecamente ligado. Da mesma forma, ela repele toda questão sobre a incidência de eros para-além da fantasia (com efeito, não cabe a ela se ocupar

* Epiclera era, na Grécia, a transmissão da herança feita através da filha que não tinha irmãos nem descendentes de irmãos que pudessem receber a herança. Embora não pudesse ser a herdeira, ela era *depositária*, estava presa à herança, encarregada de transmiti-la a netos do falecido, o que era feito através de casamento com parente próximo, que recebia a herança e então a passava adiante na linhagem. (NT)

disso). Mas isso não explica verdadeiramente a escolha do instrumento para essa rejeição, isto é, a teoria da travessia da fantasia. Resposta, que hoje posso, pois, escrever: a travessia da fantasia serve de metáfora para o que acontece a quem a promove, para uma travessia que os conduz da escola à família.

Nessa perspectiva, um ponto é particularmente notável. Os que seguiram Jacques-Alain Miller e sua travessia da fantasia não eram os barões da ex-École Freudienne de Paris (eles nunca atravessam nada, eles são). Eram, pelo contrário, pessoas que (afora o passe, para alguns) jogavam o jogo da escola; eram nossos amigos, aqueles com quem fazíamos cartel, transcrevíamos os seminários, seguíamos as apresentações de doentes de Lacan. Em outras palavras: virando para a família, eles perdiam algo, enquanto os barões só tinham uma preocupação, conservar seu pequeno negócio, e se lixavam para a escola, à qual nunca haviam subscrito. Alguns desses amigos perdiam também Lacan, já que sua análise se interrompeu, mas sob esse modo particular do analista já engajado na grande travessia.

Travessia da fantasia foi a teoria espontânea dos que, perdendo Lacan, "escolhiam" fechar a porta da escola para se precipitar na de sua família. Houve, nesse momento preciso, algo como uma escola lacaniana abortada, que teria sido, ela, a efetiva destruição da École Freudienne; e que se revela como só podendo ter lugar sobre a base de um luto.

Frequentemente dizemos que tudo, contanto que utilizemos um pouco de aplicação ou de audácia, deveria poder ser dito, que se trata menos de uma capacidade própria daquele que experimenta do que de uma espécie de acordo ou de dosagem entre dois ou três universos, tais como o real, nós mesmos e a língua. No entanto, parece que não há língua para descrever o amor, a beleza de um corpo, a lembrança de gestos indecentes e milagrosos e comuns a todos nós. Ou melhor, parece então que não apenas a língua falta, mas também si, e que a memória e mesmo o real se esquivam. As palavras que dizem as partes do corpo obtêm pouca energia da gíria, na qual, pelo contrário, elas mais frequentemente tocam o insípido ou o patoá pueril. As palavras usadas pela garotada, os adolescentes – a maior parte militantes – sempre me pareceram cor de rosa, e sujas porque cor de rosa, e impróprias porque amedrontadas. As palavras que dizem as partes do corpo também não obtêm mais energia ou precisão do latim ou do vocabulário científico, ainda que se tenha chegado um pouco perto na infância, por desgraça, das *línguas mais antigas. Longe de enaltecer, a "felação" ou o "cunnilingus" fazem logo pensar em amantes de gravatas borboleta, lornhões e antebraços acetinados. Essas palavras buscam menos designar do que vestir. E elas vestem. Aquele que quer descrever sua paixão não tem nada melhor a fazer do que se calar e corar. E as cenas que mais contaram na sua vida e que proporcionaram as mais felizes horas, de nenhum modo ele pode exprimi-las e, quando se resigna ou busca chegar perto delas, ele erra entre o silêncio e a grosseria. Se busco designar um apêndice que às vezes perturba o caminhar, no sono ou no prazer que se pode experimentar ao montar numa bicicleta de corrida, as palavras rapidamente se mostram decepcionantes;* verge, queue, bite*, *um deles bíblico demais, o outro exageradamente primata, o terceiro é portuário demais. Pênis, mêntula: o primeiro parece muito científico, muito pudibundo, o segundo, pedantesco demais. A própria palavra "sexo" é asséptica demais e quase assexuada e, ao designar indiferentemente duas mitologias que se opõem, ela não provê do que aqui se subtrai. Essa palavra é uma calça justa. "Não, não é isso!", dizemos encolerizados. Pobreza de nossa língua quando deve dizer um objeto que não é exatamente um objeto.*

Pascal Quignard,
Le salon du Wurtemberg, Paris, Gallimard, 1996 (pp. 122-123)

Texto distribuído a cada participante
no início da 6ª sessão de seminário

* Três nomes populares para pênis: *verge* (cajado, vara); *queue* (rabo, cauda); *bite* (cabeço; fixado no cais, é onde são amarrados os navios). (NT)

SEXTA SESSÃO, TARDE DE SEGUNDA-FEIRA

Para provisoriamente concluir, vamos pautar nossos passos nos meios atuais assim como no ponto em que estamos no nosso questionamento; em outras palavras, tentar elaborar em seu teor, suas teses, suas aplicações, nos limites de sua ação, essa erotologia analítica que a história da psicanálise teria por duas vezes reduzido (uma vez com "Análise terminável, análise interminável", uma outra vez com a travessia e o nó da fantasia), mas, mais modestamente, tentar mostrar que uma erotologia psicanalítica é possível; em todo caso, que houve, no passado, erotologias que corresponderam a certas exigências essenciais da erotologia analítica.

Essa página de Pascal Quignard diz muito bem sobre a dificuldade criada pela conjugação dos termos *eros* e *logos*, "razão analítica". A erotologia analítica tem a ver com essa dupla falha de língua e de si, com um desfalecimento da linguagem com relação a um certo objeto que não é exatamente um objeto. O problema, portanto, é necessariamente o desse si verdadeiramente e, portanto, também o problema da verdade, mas tomada de uma maneira que nos recusamos a negligenciar, tomada pelo bocado do sexo. A verdade se erige, dissemos, problema no qual se reencontra, é claro, o desfalecimento da linguagem cernido por Quignard.

Entretanto, a despeito do argumento que lhes propus, que apresentava certas conjeturas com relação à verdade assim entendida como "varicidade"*

* A palavra aqui (*vergité*) é claramente referida a *verge*, "vara", "cajado", em português, expressão popular para o pênis; indica também, denotativamente, a vara como um pedaço de madeira e, nesse sentido, como corretivo, como insígnia de uma "autoridade", por exemplo. (NT)

(Eu, a varicidade, falo), não vou entrar nesse terreno já, a não ser por uma piscada de olho, um epigrama de Martial:

Ta putain, quelle est sa harangue
Aujourd'hui? – Quoi, quelle putain?
– Tu ne comprend donc pas, crétin
Que je veux parler de ta langue?

Tua puta, qual é a sua arenga
Hoje? – O quê, qual puta?
– Então tu não compreendes, idiota,
Que estou falando de tua língua?[1].

O parágrafo do argumento que indicava que a verdade (*aletheia*) se erige como esquecimento (*lethe*) por enquanto ficará como uma alusão, à espera de sua discussão, a qual só poderá, também aí, passar pela leitura de um certo número de trabalhos, a começar pelo de Marcel Détienne sobre os mestres da verdade[2].

A verdade é como que a resposta, de fato como que uma resposta, a mais sofísticada, também a mais mascarada, pois ela, justamente, tira proveito dos loucos favores que lhe são concedidos, enquanto verdade, da rejeição do erro ou da heresia, que, para além dos séculos, o escultor César faz ao poeta Martial (os nomes permitem sua aproximação). Essa resposta é um desmentido, o da arte segundo Quignard, uma recusa do fracasso da verdade por nunca poder se opor ao esquecimento. Enquanto Martial escrevia[3]

Crede mihi, non est mentula quod digitus

---

1 Martial, *Épigrammes*, trad. e apresentação de Jean Malaplate, ed. bilíngüe, Paris, Gallimard, 1992.

2 Marcel Détienne, *Les maîtres de vérité dans la Grèce archaïque*, 1ª edição, Paris, Maspero, 1967, ed. Agora, La Découverte, Paris, 1995 (que tem como abertura "Retour sur la bouche de la vérité").

3 Martial, *Epigrammes*, liber VI, XXIII, Paris, Gallimard, 1992. Esse verso é o segundo de uma quadra que Malaplate apresenta assim: *"Tu voudrais sans arrêt qu'a tes yeux je me dresse,/ Ce membre, ma Lesbie, obéit moins qu'un doigt;/ C'est en vain que ta voix ou que ta main me presse:/ Ton visage hautain décide contre toi.* [Você incessantemente queria que a teus olhos eu me erguesse, / Esse membro, minha Lésbia, obedece menos do que um dedo; / É inútil que tua voz ou que tua mão me pressionem: / Teu rosto altaneiro decide contra ti. (NT)]

César respondia com uma escultura, aquela cujo dedo ereto (e o estado francês, satisfeito, deve-se crer, com uma tal ereção, por meio de seu ministério das comunicações, eleva essa ereção ao selo):

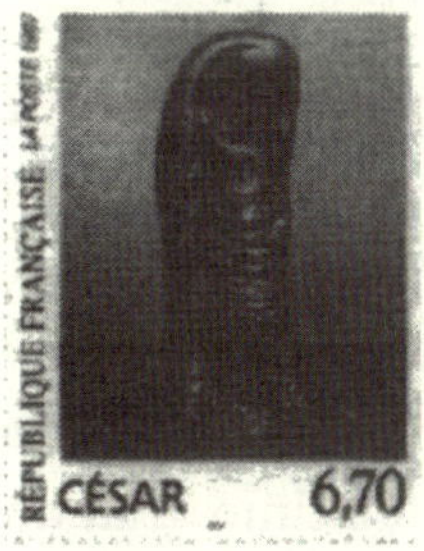

Uma erotologia de passagem

Se uma erotologia psicanalítica é possível, o jogo *eros/logos* deve ser pautado de maneira a responder a certas condições essenciais. Uma dessas condições nos parece já certa: que essa erotologia não encontre em si mesma seu próprio fim.

A análise não pode realizar para o analisando sua solução erótica. A análise não poderia ser, nem em princípio nem em prática (sejam quais forem as "satisfações substitutivas" que ela possa trazer), para o analisando nem o lugar nem o meio pelo qual ele teria acesso à satisfação erótica. O orgasmo, aqui como no seminário *A angústia*, fica como uma pedra de toque, a prova discriminadora. A meu conhecimento, há muito poucos orgasmos no divã, certamente não mais do que nas salas de exame médico (um orgasmo que interessava vivamente Lacan, a ponto de virmos a nos perguntar se ele mesmo não o teria vivido). O analisando, a analisanda, quando ele/ela encontra essa satisfação orgásmica, ele/ela a encontra em outro lugar e com alguém que não é seu analista. Em outras palavras, a erotologia analítica é uma erotologia de passagem. Ela é *Eros colocado a serviço de Eros, mas se eclipsando quando Eros entra em cena*. Lacan, a esse propósito, teve uma bela fórmula, quando dizia que, se os analistas são competentes até a porta, em troca, para além da porta, eles não o são[4].

---

4 É a chamada de 21 de fevereiro de 1968, cujo texto eis aqui: "Por que lhes falo primeiro do gozo feminino? Talvez seja para já precisar alguma coisa, que o sujeito suposto saber que está em jogo, alguns, não se deve se enganar quanto a isso, poderiam crer, por tudo o que se produz como confusão[ões], que estaríamos [*e*

Por si só, dizer que Eros, na psicanálise, intervém e se eclipsa após ter intervindo para dar lugar a Eros mostra que aí há um problema. Conceitualmente, não se compreende a asserção. Seria preciso distinguir duas figuras de Eros? Vou mostrar que talvez seja esse o caso, mas logo precisando que não é necessariamente o (único) caso. Talvez seja o caso, Claude Calame nos ensina. Uma lição ainda mais preciosa na medida em que não se trata apenas, como se pode esperar, do amor filosófico, aquele que se apoia nos encantos do belo adolescente para se elevar até o amor pelo belo, depois da ideia do belo à ideia da ideia, um caminho que conduziria o *eraste* ao último refinamento do que, nos asseguram, seria o último grau do amor: a beleza. Trata-se, talvez mais radicalmente, decerto menos artificialmente, do próprio amor do *eraste* pelo *erômeno*, enquanto leva este último para um novo e outro modo do amor.

Em contrapartida, Pascal Quignard nos impede de dar a esta possibilidade de engendramento de um outro Eros por Eros o estatuto nodal de uma necessidade. Com efeito, ele nos apresenta uma erotologia que se autotransforma sem que por isso se apele para dois diferentes Eros (desejamos que seu livro *Le sexe et l'effroi* se torne o clássico que ele já é). Quignard, em outras palavras, nos instrui sobre o fato de que, por seu próprio movimento, Eros pode perfeitamente produzir uma transformação de Eros, algo como uma autotransformação.

Enquanto outras erotologias, ao contrário, não variaram, se mantiveram tal como eram antes de desaparecer quase inteiramente (um exemplo característico dessa não-transformação é o amor cortês).

Os três casos logicamente possíveis foram, pois, efetivamente realizados como casos históricos: Eros engendrando uma outra figura de si mesmo, Eros se autotransformando, Eros se mantendo imutável.

Com relação à terminologia em uso atualmente na França, e mesmo que a significação de cada um dos termos guarde amplas zonas de recobrimento, é importante notar que falamos de eros e não de amor; essa escolha é essencial para a erotologia analítica. Esta, com efeito, encontra um de seus

não: saberíamos] de alguma forma do lado do sujeito suposto saber como se chega ao gozo. Convoco todos os psicanalistas, aqueles que, de todo modo, sabem de que se está falando e do que se pode visar, alcançar: limpamos o terreno diante da porta, mas, quanto à porta, cremos que somos muito pouco competentes. Depois de uma boa análise, digamos que uma mulher pode tomar pé".

axiomas iniciais numa posição tomada por Lacan em 1963 e que tem o mérito de organizar um domínio onde reina uma ampla confusão, onde, por exemplo, o amor da mãe equivaleria ao do seio. Trata-se de colocar o amor (no sentido usual e atual do termo) em segundo plano, como não essencial, como não constituindo um dos termos maiores do problema erotológico. Lacan dizia assim:

> **[...] o amor é a sublimação do desejo. Daí resulta que não podemos, de jeito nenhum, nos servir do amor como primeiro nem como último termo [...][5].**

Esse traço tem uma diferença marcante para com a psicologia e o que satisfaz essa psicologia nas considerações freudianas sobre o amor de transferência. Mais tarde ainda, Lacan vai cernir isso com mais precisão, conjugando esse amor: "Eu almejo, tu almejas, ele almeja"*. Ele prossegue, então, esse fio, marcando bem a distância entre esse amor e o sexo:

> **Sua existência, então, a da alma, pode ser posta em causa – é o termo próprio para se perguntar se não é um efeito do amor. Com efeito, na medida em que a alma almeja a alma**, não há sexo na coisa. O sexo aí não conta. A elaboração de que ela resulta é homossexual, como é perfeitamente legível na história[6].**

Claude Calame: eros e filotês

Calame consagra toda uma obra a descrever, a partir da Grécia arcaica, como uma certa relação erótica produz uma outra, diferente dela e para qual ela deixa o lugar (exatamente a fórmula de que falávamos).

Na sua época dita arcaica, a Grécia – e é por isso que as discussões a seu propósito são para nós tão importantes hoje – inventa o amor; não apenas

5 Jacques Lacan, *L'angoisse*, sessão de 13 de março de 1963, pp. 25-26.

6 Jacques Lacan, *Encore*, Paris, Seuil, 1975, p. 78.

* Em francês, *J'âme, tu âmes, il âme*; Lacan joga com "âme" (alma) e "aime" (do verbo *aimer*, amar). A proximidade fônica não é reproduzível em português. (NT)

** Em francês, *l'âme âme l'âme*. (NT)

aquele, filosófico, da alma pela alma, mas, bem antes dele, aquele no qual Afrodite e Eros puxam as cordas, aquele ao qual ela dá um lugar nunca igualado. É testemunho esse coro dos velhos tebanos na tragédia *Antígona*:

> **Amor, invencível Amor,**
> **todas as criaturas te pertencem.**
> **O terno rosto das virgens é tua morada.**
> **A fuga prateada do peixe te rende homenagem.**
> **O abrigo dos animais nas florestas é teu leito.**
> **Ninguém é bastante rápido para fugir de ti.**
> **A eternidade não libera os deuses de tua lei,**
> **nem a brevidade dos dias mortais**
> **escapa a teu domínio.**
> **Tu fazes nascer o desejo,**
> **e tu o preenches com a loucura**[7].

Particularmente porque, depois daí, se platoniza, porque as religiões se apoderaram e se paramentaram com ele, se tende a fazer crer que o amor está em todo lugar, é uma espécie de universal sentimento, tendo um papel maior em todas as civilizações. É uma grossa mentira e aderir a isso, uma enganação. Apenas a Grécia, entre as civilizações antigas (Egito, China, Índia, Israel), promoveu o amor como uma função decisiva do laço social. Isso bem antes desse quinto século tão rico, o de Confúcio, de Buda, de Sócrates.

Calame estuda esse amor em seu surgimento nos textos da poesia que ele chama de "mélica" porque era cantada. Evidentemente, esse canto tem em si uma função no jogo amoroso[8]. Mas qual jogo? Para dizê-lo vamos encontrar os termos *eraste*, *erômeno* e inclusive o *agalma*, aqueles que Lacan retirou de Platão em sua leitura do *Banquete*, e numa época em que, deve-se dizer, eles não interessavam a ninguém. Esses termos nos chegam aqui em todo o seu frescor, isto é, antes que a filosofia (sobretudo com *O banquete* e *Fedro* de Platão) os tenha feito sofrer um tratamento no qual se pedia a Eros que pagasse a conta. Lacan, em seu seminário sobre *A transferência...*, pega a

7 Citado por Claude Calame, *L'Éros dans la Grèce antique*, Paris, Belin, 1996, pp. 166-167. Sobre a extensão do poder de Eros a todo o universo e a todos os reinos, animal, humano, divino, cf. Calame, ob. cit., pp. 201 e 204.

8 Ibid., pp. 51, 67 e seg.

coisa, então, já num momento tardio da história do amor (o que, em si, não é um defeito), e também se pode observar que ele amplamente despreza o *Fedro*, esse diálogo que poderia, melhor que *O banquete*, torná-lo sensível a esse amor como sendo o amor filosófico, aquele da reminiscência, aquele contra o qual Kierkegaard fez valer sua repetição.

Vocês vão logo perceber o interesse de tomar as coisas de mais longe, desde seu início nas cercanias do século VIII. Com efeito, esse encaminhamento nos conduzirá, em primeiro lugar, a nada menos que modificar nossa concepção do eraste[9]. O eraste é o desejante; por meio do que há a precipitação de colocar a atividade de seu lado. Isso não é falso, mas uma parte de sua questão foi perdida, o próprio princípio de suas atribulações amorosas. Calame desentoca a primeiríssima ocorrência de *erastes* em Íbico. Nascido no século VI, temos desse poeta uma centena de versos, e recentemente foi encontrado um papiro no qual ele celebra, num novo panegírico, o adolescente Policrata. Frequentemente se pensa em Safo a seu propósito. Num fragmento, o poeta, envelhecido, vê se aproximar mais uma vez o amor com temor. Ele se compara a um cavalo de corrida frequentemente vitorioso obrigado a descer mais uma vez para a arena. Essa metáfora equestre se tornará celebre durante toda a Antiguidade após ter sido retomada por Enius, depois por Horácio (que não a aplicam ao amor, mas à atividade poética: aí já um deslizamento).

O eraste é, portanto, primeiro aquele que é pego pelo amor. E Calame faz com relação a ele uma observação capital: ele nos ensina que o complemento do verbo *eramai* fica sempre no genitivo, o que indica a passividade do amante, à diferença do outro amor de que vai se tratar, à diferença do *philein*, que implica uma construção no acusativo; portanto, uma ação em relação ao amado[10].

O eraste é, portanto, atingido por Eros. Este, assistente de Dionísio, filho de Afrodite, é dirigido por ela quando estica seu arco e transpassa com suas flechas aquele que, imediatamente, se torna eraste[11]. O eraste não é mes-

9 Vai-se verificar, no que vai se seguir, que a aventura do *eraste* não pode ser aplicada ao psicanalista. Com efeito, ela suporia que no início de cada análise o psicanalista se apaixone ou, pelo menos, caia rapidamente enamorado do analisando(a). Essa suposição parece algo excessiva.

10 Calame, ob. cit., p. 33.

11 Ibid., p. 75: "Entre Eros arqueiro e o rapaz desejado freqüentemente há coincidência perfeita".

tre do que lhe acontece. Ora, ele é um mestre! Um mestre que acaba de ser atingido por um tirano, por Eros[12]. Esse golpe é "doce amargo", diz Safo. Ele provoca, naquele que o sofre, um estado análogo àquele do sono, da música ou da embriaguez. Os poetas falam da implacável crueldade de Eros[13]. O eraste é, assim, um insatisfeito, de membros cansados, atingido ali mesmo onde moram os sentimentos, em seu diafragma (*phrenes*) e sua alma (*thumos*). É Eros quem segura as rédeas, anulando, no eraste, toda capacidade de compreender e de decidir. Tal desventura é desagradável a ponto de não se poder deixar de evocar a definição do masoquismo:

> **direção do instinto sexual para o círculo de representação da submissão a uma outra pessoa e maus-tratos infligidos por essa outra pessoa[14].**

O erômeno não tem nenhuma necessidade de um chicote, de peles, de couros, de coleiras e de pregos, como nossos modernos Wanda, para maltratar o eraste. Basta-lhe aparecer. E não se dar.

Como, então, começa essa desventura? Por um encontro: no ginásio, ou num banquete, um mestre vê aparecer um belo adolescente. Há toda uma fisiologia desse encontro, agora bem estudado[15], no qual intervém sobretudo a bela cabeleira do adolescente, o caráter passageiro de sua juventude, a beleza do erômeno, mas sobretudo seu olhar, do qual emana um fluxo que, segundo essa fisiologia, atinge o eraste e o põe no estado de insatisfação que se disse.

O que é ativo, o que está no comando é esse fluxo, é Eros. E Lacan fará sua essa fisiologia do desejo com a palavra inglesa, hollywoodiana, *glamour*, brilho do objeto. Por aí, toda uma escolha de doutrina, que se diz que foi feita por Freud, que se diz ser uma escolha fundadora da psicanálise, é contestada. O objeto (o pai, no caso) não é sedutor, diz-se; é uma fantasia de filha que ele o seja. Pois bem, não. Não é o caso de escolher necessariamente. Sem com isso negar a intervenção da fantasia, pode-se, deve-se admitir que a sedução vem do objeto. Martial:

12 Ibid., p. 15.

13 Ibid., pp. 25, 28.

14 Kraft-Ebing, *Psychopathia sexualis*, Paris, Payot, 1958, p. 136.

15 Particularmente graças aos trabalhos de Jackie Pigeault.

Gemellus queria casar com Maronille
Ele a pressiona, lhe faz a corte
Da maneira mais gentil,
Enche-a de presentes, lhe diz que ele morre de amor...
– Então ela é uma beleza? – Não! Sua feiura é repelente.
– O que ela tem, então, para agradar a esse ponto? – Ela tosse[16].

Ora, a poesia mélica grega sublinha que se trata de uma violência feita ao eraste, o qual é uma vítima, é um escravo do amor que ele sofre. Atalante, o infeliz eraste de Teógnis, diz, por exemplo, a seu erômeno, que ele parece não fazer nenhum caso dele, desempenhando em outro lugar seu papel de erômeno; em outras palavras, se furtando:

Rapaz, não aja errado comigo – ainda quero te agradar[17].

Já Carmen, a violência de sua recusa, manifestaria aquela da recusa da recusa (a de don José). Ora, Calame indica que, justamente, existe uma outra saída possível além daquela do último ato de *Carmen* ou da ruptura, mais, ou menos devastadora do laço. Uma saída pela qual é colocado um termo na relação dissimétrica que se instaurou entre o eraste e o erômeno. Essa saída é a própria transformação de seu amor.

A homofilia, em razão de sua lógica interna, produz sua própria transformação em uma outra relação erótica. Há, portanto, um ponto de báscula no qual, para dizer de uma certa forma que remete à metáfora da caça ou de sua versão atenuada, a domesticação, um

[...] momento fugidio no qual o adulto domado por Eros se torna enfim o domador do adolescente que o inspira[18].

Calame mostra que esse novo amor que assim se instaura é diferente de eros. Com os textos que ele estuda, ele o chama *filotês*. Esse novo e outro amor resulta do fato de que a relação erótica erômeno eraste tem uma função pedagógica, até mesmo iniciática, que ela assim contribui para a constituição

16 Martial, ob. cit., p. 29.
17 C. Calame, ob. cit., p. 37.
18 Ibid., p. 39. Cf. também p. 90.

do gênero, isto é, justamente o gênero eraste. O eraste é um antigo erômeno (como o analista um antigo analisando? – claro que não, mas o estudo comparativo dos dois casos certamente seria muito instrutivo). Esse amor novo, *filotês*, tem como características ser simétrico, igualitário entre os parceiros, fraterno por um de seus aspectos, um amor de pares, no qual cada um ama o outro da maneira como o outro o ama. Talvez hoje se dissesse, seguindo uma fórmula do casal muito em voga, decerto por sua conotação *homo viator*, e a despeito do que ela implica como rebaixamento do amor: um companheirismo.

Ora, na Grécia arcaica e clássica, esse amor também é encontrado tanto na relação entre os mestres (tendo o erômeno se tornado eraste por seu encontro com o eraste, por sua virtude pedagógica, ou ainda, diz Calame, iniciática) quanto no casal conjugal. Este também resulta de uma espécie de doma da moça. Após ter sido tomada numa dissimetria amorosa, exatamente como o erômeno, a moça encontrará com um homem uma relação igualitária. Aliás, ela tem dois nomes diferentes, correspondentes a esses dois estatutos, uma de moça a domar, outra de moça casada. *Parthenia* é a jovem que vai se tornar uma esposa, aquela que é celebrada pelos cantos nupciais, *numphê* é a jovem esposa, até a primeira gravidez[19].

Calame mostra que esse amor *filotês* toma o sexo em sua dimensão social, ou seja, como gênero. É a única categoria, na psicossociologia moderna, que encontra reconhecimento a seus olhos, e há razão, vimos, para rejeitar noções tão mal construídas como as de homossexualidade e heterossexualidade. Evidentemente, é toda uma parte do trabalho de Freud que desaba. Mas tem-se ainda a possibilidade de manter esses termos?

Calame escreve:

> **Eros, com seu poder relacional e interativo, age em particular na constituição dessas relações sociais de sexo que se chamam agora "gêneros" [...], "maneira pela qual os membros dos dois sexos são percebidos, avaliados e presumidos se comportar", [...] construção e representação das relações sociais de sexo[20].**

---

19 Ibid., pp. 133, 140 e seg. Da mesma forma, o adolescente cretense que tiver sido iniciado, após ter sido chamado de *kleinos* durante a iniciação, recebe, a seu termo, o nome de *philêtôr* (ibid., pp. 108-109).

20 Ibid., p. 18.

Mas há algo mais estranho e que, ao ler Calame, não podemos deixar de notar, a saber, que a satisfação do parceiro não intervém de maneira decisiva na relação de eros, mas na *filotês*.

É na poesia épica, a começar por Homero, que Calame desentoca essa observação segundo a qual na *filotês* "o prazer do amor é, em geral, saboreado a dois"[21]. Aliás, isso é confirmado pela iconografia, que mostra que apenas o adulto está em ereção na relação homófila[22] (se às vezes, raramente, não é assim, é porque se trata de um erômeno satirizado, como são sátiras os erastes de sexo desmesurado). Assim, Páris e Helena, Ulisses e Circe, Zeus e Hera[23] vivem um amor feito de confiança recíproca e de um gozo erótico compartilhado. "O estado de *numphê*", escreve Calame, "está relacionado com o próprio gozo físico"[24]. Esse ponto é importante, pois toda uma corrente de helenistas colocou em circulação a ideia (falsa, segundo Calame, e nos rendemos à sua argumentação) de que, "na Atenas clássica, 'the combination of marriage and sexual desire is improper and scandalous'"[25].

Será que essa diferença na satisfação erótica corresponde a essa outra diferença que indicamos diversas vezes, a que distingue a satisfação pautada na fantasia (masturbatória) e a satisfação do ponto para-além da fantasia? Corresponde ela à diferenciação produzida por Lacan em *A angústia*? É uma questão que não decidirei, mas cuja simples formulação já lhes indica como a erotologia analítica pode produzir verdadeiros achados clínicos que a própria história de eros confirma e que podem, em troca, ajudar na problematização dessa história.

Num novo capítulo hoje, teria gostado muito de lhes mostrar, com Pascal Quignard, como o próprio eros pode se transformar sem com isso dar lugar ao que acabamos de assistir, à instauração de um novo amor, de uma outra e diferente figura de Eros. É a virada da sexualidade que se produz em Roma em torno do ano zero, tão bem descrita em *Le sexe et l'effroi*. É muito tarde para nos lançarmos na análise desse novo avatar de Eros, que deixou sua marca no cristianismo a ponto de ser confundido com ele.

---

21 Ibid., p. 54.

22 Ibid., p. 87.

23 Ibid., pp. 55, 56, 58.

24 Ibid., p. 143.

25 Ibid., p. 134.

SEQUÊNCIA PARISIENSE[1]

Deve-se imaginar em que clima de polêmica se vive em Paris.
Michel Foucault (Dits et écrits, T. III, p. 589)

Salvador Dali, para fazer uma boa exposição, calçava sapatos muito apertados que lhe provocavam dor nos pés. Não é meu caso hoje, digo-lhes logo. Não que eu lhes anuncie uma boa exposição, já que a mínima polidez, quando se entra assim publicamente, é ficar no que Foucault assinalava: "O leitor, como o ouvinte de um curso, sabe perfeitamente reconhecer quando se trabalhou e quando se se contentou com o que se tem na cabeça"[2]; mas se hoje falo dessa dor nos pés é porque acontece que tenho uma declaração a fazer a vocês que provém, com efeito, de um certo "dolo" (dano e dor). Na minha opinião, essa declaração situa o problema atual da psicanálise e, ao mesmo tempo, se situa nesse problema: a posição da psicanálise, eu digo, será foucaultiana ou a psicanálise não será mais psicanálise. Aliás, vamos ver, esse sempre foi o caso.

1 Este texto é uma retomada da primeira sessão do seminário *Eros tourneboulé*, realizado em Paris em 13 de janeiro de 1998.

2 Michel Foucault, *Dits et écrits*, Paris, Gallimard, 1994, T. IV, p. 668.

PARA A FRENTE FOUCAULT[3]

Um guerreiro

Foucault é um sismo. O que não quer dizer que isso não seja organizado, que não tenha sua configuração particular, nem mesmo que seus efeitos escapem a qualquer lógica. Esse sismo, alguns anos depois da *História da loucura na idade clássica*[4], colocou em movimento numerosas reações hostis; os especialistas da loucura, atravessados como são por vontades monopolísticas quanto a ela, faziam saber, tão alto quanto podiam, que Foucault estava enganado. Oito anos após a publicação da obra e confirmando de algum modo seu estatuto arqueológico (a arqueologia é uma história em função de uma questão do presente), a mais importante e mais cotada revista de psiquiatria, *L'évolution psychiatrique*, organizava todo um colóquio para "excomungá-lo"[5]. Mais tarde, alguém chegou a assinalar tantos erros em Foucault que seu texto, que se tornou grande demais, ficou impublicável! Paralelamente, Jacques Derrida[6] se empenhava em demonstrar que Foucault também se enganava quanto a Descartes, e aquele que se apresentava como crítico de Foucault (em filosofia) foi, também aí, seguido pelos especialistas. Foucault enerva[7]. Mas ele não enervava Lacan! Lacan foi um dos raros a saudar o sismo da *História da loucura*. Depois a coisa se repetiu, no final do percurso foucaultiano, com os helenistas. Muitos deles começaram a esbravejar quanto ao escândalo[8], e esse esbravejar nos valeu numerosos estudos importantes so-

3 Esse título não é uma demanda ou um voto: simplesmente uma constatação.

4 M. Foucault, *Histoire de la folie à l'âge classique*, Paris, Plon, 1961. Praticamente contemporâneo de *A angústia*.

5 M. Foucault, *Dits et écrits*, ob. cit., T. IV, p. 60.

6 Cf. Bernard Casanova, "Mais quoi, ce sont des fous", *Littoral*, nº 25, Toulouse, Érès, abril de 1988.

7 Cf. John Rajchman, *Erotique de la vérité, Foucault, Lacan et la question éthique*, trad. do inglês por Oristelle Bonis (*Truth and Eros, Foucault, Lacan and the question of ethics*, Routledge, Chapman and Hall, 1991), Paris, PUF, 1994, p. 159.

8 Caso típico de uma recusa de Foucault: Claude Calame, *L'Eros dans la Grèce antique*, ob. cit., p. 111, nota 18. Segundo Calame, a assimetria da relação homofílica não poderia ser interpretada, como fazem Dover, Foucault e alguns pesquisadores feministas, em termos de atividade/passividade. Muito mais violenta, leremos a introdução de Amy Richlin a seu *The garden of Priapus, sexuality and aggression in roman humor* (Oxford, Oxford University Press, 1992); nela, Foucault é declarado como não crendo na existência da se-

bre o eros grego, que, é preciso notar, os especialistas amplamente ignoravam antes da intervenção de Foucault. E Lacan, aí ainda, estudando *O banquete* na época em que o fez, era exceção.

Por duas vezes, então, nos psiquiatras depois nos helenistas, Foucault provocou o mesmo exagerado erguimento de escudos. Não sem motivos, se é verdade que Foucault foi o fim do trancafiamento dos loucos pensado como natural (inclusive para seu tratamento, se não para sua felicidade), depois o fim da perversão, dessa sexologia que deixou seus rastros na psicanálise, fundada pelos psiquiatras do fim do século XIX (essencialmente com base em testemunhos "espontâneos" cujo alcance pornográfico é incontestável, como se observou). Essas reações de rejeição nos põem uma pulga atrás da orelha, nos indicam como se deve acolher Foucault, isto é, ao mesmo tempo lê-lo e situá-lo. Foucault deve ser colocado na segunda das três funções dumézilianas; em outras palavras, foi um guerreiro[9]. Essa palavra, penso, em certos ouvidos pode levar a uma condenação – tanto é que se pensa, espontaneamente e não sem motivos, no intelectual originado no padre, arriscando-se a negligenciar toda uma linhagem, entre eles Hegel, Nietzsche, Marx, Weber, Freud, Lacan principalmente. Eu não a teria empregado, portanto, se Paul Veyne não tivesse assinalado que Jean-Claude Passeron a aplicava a Foucault[10]. Isso, portanto, funcionou como um gracejo[11], que aliás foi confirmado, por Veyne, com um outro gracejo:

> **Há três ou quatro anos [*portanto, pouco tempo antes da morte de Foucault*], no apartamento de Foucault, assistíamos na televisão a uma reportagem sobre o conflito israelo-palestino; num certo momento, foi dada a palavra a um combatente de um dos dois campos (é ra-**

---

xualidade antes do século XIX, confundindo os mundos helenísticos e romanos, tendo uma posição ascética na questão do sexo, sendo um construtivista (oposto ao essencialismo da autora, segundo a qual há uma essência feminina), agindo errado com as mulheres, criando impasse à ética, sendo espectador e não participante, negligenciando a experiência do penetrado (o *kinaidos*), misturando o oprimido e o opressor numa ideia quase sadiana, em resumo, e esta é a conclusão, como não tendo coração.

9 A solidariedade entre posição de guerreiro e tomar a palavra remonta a muito longe: segundo Marcel Détienne, ela é anterior ao classicismo grego (cf. *Les maîtres de vérité dans la Grèce archaïque*, Paris, Pocket, 1994, pp. 143 e seg).

10 Paul Veyne, "Le dernier Foucault", *Critique*, nº 471-472, Paris, Minuit, agosto-setembro, 1986, p. 934.

11 Mas já em presença de Foucault. Em março de 1977, B.-H. Lévy o interroga: "Mas por que esse fundo de metáforas guerreiras?" (cf. *Dits et écrits*, ob. cit., T. III, pp. 267-268).

> **dicalmente indiferente dizer qual campo [*observação capital para o gracejo*]). Ora, esse homem faz um discurso diferente dos que comumente se ouvem nas discussões políticas: "Só sei uma coisa", dizia o partidário, "é que quero reconquistar a terra de meus ancestrais. Quero isso desde que sou adolescente [*traço capital para o gracejo*]; ignoro de onde me vem essa paixão, mas é isso aí". "É isso aí", me diz Foucault, "foi tudo dito e não há nada mais a dizer"[12].**

No artigo em que conta esse gracejo e ainda outros, em que relata também a alucinação que teve na morte de Foucault, Veyne não deixa de indicar que o guerreiro – no caso, Foucault – tem uma certa relação com a verdade. Abramos apenas a porta do problema. Se não há *a* verdade, o que é claro tanto para Foucault quanto para Lacan, esses dois guerreiros se conjugam também para dizer que o problema não é o da verdade, mas o do dizer verdadeiro. A convergência deles vai mais longe: esse dizer verdadeiro nunca será mais que um meio-dizer, segundo Lacan, ou, na versão Foucault, um dizer submetido a regras segundo as quais será suposto verdadeiro ou falso, por meio do que, se a verdade não for "metade", ela será múltipla. Ora, essas regras (resultado do que Foucault chama de "problematização") são impostas e delas ele desdobra a arqueologia; e é isso, precisamente, que deixa os especialistas furiosos. Foucault não contesta que eles digam a verdade sobre seu objeto contrapondo-lhes uma outra verdade sobre o mesmo objeto, mas fazendo-os observar que eles pretendem sustentar discursos verdadeiros (exemplo: a teoria da degenerescência[13]) sobre objetos imutáveis e eternos (a doença mental), enquanto que, de fato, construíram esses discursos e esses objetos segundo regras amplamente arbitrárias e, particularmente, frutos de relações de força históricas. No que se refere a essa relação guerreira com a verdade, Veyne diz muito bem a posição de Foucault, quanto à qual não vejo nada que a diferencie daquela do dândi Lacan: Heidegger se interroga sobre o fundo da verdade, Wittgenstein quer saber o que se diz quando se diz verdade e Foucault se pergunta: "De onde vem que a verdade seja tão pouco verdadeira?"[14].

---

12 Paul Veyne, ob cit., p. 935.

13 Cf. J. Rajchman, ob. cit., pp. 138-140.

14 Veyne, ob. cit., p. 940.

Foucault: uma clivagem na análise

Ora, eis que, nas suas últimas manifestações, o sismo Foucault se interessou pela psicanálise. O que acontece dessa vez? Como reagem os especialistas? À diferença dos psiquiatras na época (e podemos nos perguntar se a virada da psiquiatria para a setorização, depois para a estatística, não é uma resposta a Foucault), dos helenistas mais recentemente, os psicanalistas não esbravejam quanto ao erro, aos erros; não, eles se calam e se escondem, agindo como se Foucault não os tivesse atacado, como se ele não tivesse articulado publicamente uma crítica arrazoada da psicanálise, algo que equivaleria a uma espécie de oração fúnebre da psicanálise. Foucault sabia disso e só podemos, creio, confirmá-lo: se a psicanálise é o que se indica, ela está, de fato, terminada – terminada desde a metade dos anos 1970, antes mesmo da morte de Lacan ou da dissolução da EFP.

A menos que a análise esteja lá mesmo onde Foucault se situava, ao lado de Foucault no que era sua base de partida para essa crítica, a saber, sua preocupação, seu voto, seu projeto de inventar uma nova erotologia. Em outras palavras, quando Foucault desenvolve essa crítica, a psicanálise segundo Lacan não se encontraria ali onde Foucault localiza a psicanálise, particularmente como uma técnica da confissão; estaria, ao contrário, muito próxima de Foucault. Tal se mostra a nós, então, uma das questões maiores de um posicionamento da psicanálise como erotologia. A questão não é escapar à crítica foucaultiana, mas, pelo contrário, aprofundar essa crítica, pondo em operação uma analítica que deve ser não menos crítica que a de Foucault.

No fio do que acaba de ser dito no que se refere à verdade, um pequeno detalhe bastará para indicar que essa localização não é abusiva. No momento em que Foucault criticava justamente a psicanálise como empreendimento de fazer confessar, Lacan declarava:

> **Quanto à "imaginação no poder", não sou eu quem os faz dizer [*i. é*: aos esquerdistas]. Tanto quanto, aliás, não faço ninguém dizer coisa alguma. Minha função é, antes, escutar[15].**

Já bem antes Lacan tinha indicado que a interpretação analítica era um "Não faço você dizer isso". E, com efeito, o analisando nunca teria razão de

15 Jacques Lacan, *Les non-dupes errent*, sessão de 18 de dezembro de 1973, p. 46 da transcrição Sels.

fazer seu um dizer que se o teria feito dizer. É exigível que ele o tenha dito sem saber, mas que, de todo modo, o tenha dito (e aí a literalidade é essencial, já que só ela dá essa espessura da linguagem exigível para que haja dizer insabido), para que o psicanalista possa lhe significar seu "Não faço você dizer isso". Em resumo, a psicanálise, a lacaniana em todo caso, com seu "Não faço você dizer isso", se situa como diametralmente oposta à confissão.

Para que possamos sustentar que essa divisão da psicanálise à qual aqui nos remetemos, sem a qual só teríamos que fazer as malas, não é apenas uma pura entidade imaginativa que quebraria o nosso galho muito bem, é também exigível que Foucault, mesmo quando ele se interessava pela psicanálise, tenha distinguido Lacan. Ora, é exatamente esse o caso[16]:

> **Parece-me que o que constitui todo o interesse e a força das análises de Lacan é precisamente isto: que Lacan foi o único depois de Freud a querer voltar a centrar a questão da psicanálise no problema das relações entre sujeito e verdade [...]. Ele tentou levantar uma questão que é historicamente propriamente "espiritual": a do preço que o sujeito tem que pagar para dizer o verdadeiro e a do efeito que tem no sujeito a possibilidade de dizer o verdadeiro sobre ele mesmo[17].**

Essa declaração parece surpreendente quando se a aproxima desta outra, na qual Foucault fala dele mesmo, dizendo, a propósito de seu próprio trabalho, exatamente a mesma coisa que ele dizia de Lacan:

> **Minha questão é a seguinte: quanto custa ao sujeito chegar a dizer a verdade sobre ele mesmo? [...] Como o sujeito pode dizer a verdade sobre ele mesmo enquanto sujeito de prazer sexual, e a que preço?[18].**

Enfim, eis uma citação de um autor cujo livro, *Érotique de la vérité*, até recentemente, infelizmente, me escapou. Com efeito, esse livro respondia antecipadamente a uma pequena nota (observada, discutida) de *A etifica-*

---

16 Ele também o faz em seu último texto. Cf. M. Foucault, "La vie: l'expérience et la science", em *L'unebévue*, Paris, EPEL, 1998.

17 Citado em Jacques Lagrange, "Versions de la psychanalyse dans le texte de Foucault", *Psychanalyse à l'université*, abril de 1987, p. 279, e retomado em Rajchman, ob. cit., pp. 23-24.

18 Citado em J. Rajchman (ob. cit., p. 20), o qual o retoma de Sylvère Lotringer (ed.), *Foucault live*, Semiotexte, p. 303

ção da psicanálise[19], na qual eu dizia não tratar do problema levantado pela contradição aparente entre meu "não há psicanalética" e o título de Lacan *A ética da psicanálise*. Pois bem, esse livro nos dá a solução. Como? Justamente sublinhando a proximidade Lacan / Foucault nos seguintes termos:

> **Tento mostrar que, à sua maneira, cada um deles [*Lacan e Foucault*] se esforçou para voltar a levantar a questão histórica do eros e da verdade; por vieses diferentes, ambos re-erotizaram para seu tempo, o nosso, a atividade de pensamento filosófico ou crítico. [...] se, na obra deles, a questão da ética se apresenta de uma forma particular ou pouco familiar, é por razões que a tornam inseparável dessa questão *que a precede* [*eu sublinho*] e diz respeito à paixão que opera no pensamento[20].**

Resumamos os três pontos que acabam de ser ditos: 1/ Lacan não está ali onde Foucault vem, não sem propriedade, atacar a psicanálise, 2/ Foucault não deixa de indicar sua proximidade com Lacan, 3/ um terceiro, preocupado em não negligenciar a erótica em jogo na ética (em posição de exceção diante de seus contemporâneos norte-americanos), não pode encontrar nada melhor do que, para fazer isso, tomar apoio na proximidade Lacan / Foucault.

Sozinho para frente?

Na sua alucinação, sobrevinda quando da fase terminal da doença de Foucault, Paul Veyne viu um carro verde ultrapassá-lo na estrada, com Foucault ao volante, virando para Veyne "seu perfil agudo" e lhe sorrindo "com seus pequenos lábios". Veyne acelera, tentando alcançar Foucault, depois percebe que é inútil, pois seu carro é muito menos potente, e por fim se dá conta de que devia ser uma alucinação. Veyne interpreta:

> **O duplo sentido dessa ultrapassagem logo me ficou claro; Foucault ia para onde todos iremos...**

Interrompo por um momento a citação, pois o artigo de Veyne se fecha com uma observação de Foucault que escreve a fórmula exata e condensada do

---

19 J. Allouch, *L'éthification de la psychanalyse, Calamité*, Cahiers de L'unebévue, Paris, EPEL, 1997, p. 12, nota 8 [obra publicada no Brasil pela Companhia de Freud].

20 J. Rajchman, ob. cit., p. 8.

voto que opera em *Erótica do luto no tempo da morte seca*[21]: "Tentemos, antes, dar sentido e beleza à morte-apagamento". Tais mortes tomam por sua conta uma parte desse aniquilamento que cabe à segunda morte. Prossigamos...

> **... e, nos seus livros sobre o amor antigo, ele ia muito mais longe do que eu[22].**

Não digo nada diferente. Sobre o estatuto da psicanálise como erotologia, certamente após ter sido precedido por Lacan em 1962-63, Foucault nos precedeu; e não temos nada melhor a fazer senão, com Lacan, nos juntar a ele. É bobo assim.

LACAN... A MEIO-CAMINHO

Esse projeto equivale, então, a admitir que Lacan teria ficado num meio-dizer, num meio-caminho – um acontecimento de um teor que, aliás, não tem nada de surpreendente nem de destoante, já que não se vê como, nele, particularmente sendo dada sua definição da verdade como meio-dizer, poderia ser diferente. A questão será, então, fazer valer sequências pelo menos suficientemente formalizadas para que o desígnio de um certo prolongamento de Lacan se mostre sustentável. Ora, é precisamente nisso que teremos necessidade de Foucault, e inclusive do último Foucault, aquele que foi o mais crítico em relação à psicanálise.

Dois exemplos: bionorma e transcendência

Eis imediatamente uma dessas pequenas sequências, mas típica ainda que pouco formalizada. Se Foucault tem razão, se é exato que Freud construiu sua psicanálise contra a normalização social que, já no seu tempo, estava engajada de um modo bastante particular (cf. a campanha antimasturbatória), se, então, Freud primeiro ergue sua psicanálise contra isso cuja arqueologia Foucault fez, a saber, o biopoder, instaurado desde o século XVII, mas sem

---

21 J. Allouch, *Érotique du deuil au temps de la mort sèche*, Paris, EPEL, 1995 [publicado no Brasil pela Companhia de Freud].

22 P. Veyne, ob. cit., p. 941.

com isso chegar a verdadeiramente retirar a psicanálise dessa teoria da degenerescência que foi uma contribuição maior, "científica", ao biopoder, então, visto a partir desse fracasso, Lacan aparece como um passo suplementar – é muito, mesmo que seja preciso, hoje, dar um outro – no caminho dessa saída da psicanálise do campo da normalização (sensivelmente mais amplo que aquele da lei, diz justamente Foucault), no caminho da recusa freudiana em relação ao biopoder. Lacan foi mais um passo da psicanálise como *resistência* (e não sintoma, mesmo que ele tenha dito assim) a essa normalização.

Ora, a partir daí, duas, talvez mesmo três coisas se passaram: 1/ a bionorma aumentou sua pressão sobre cada um, 2/ ela teve êxito em fazer, de alguns de seus adversários, aliados, particularmente em fazer amplamente jogar em seu proveito os trilhamentos de Freud e de Lacan, e 3/ isso a ponto de Lacan (pela dissolução da EFP) e Foucault (por um crítica em regra da psicanálise) poderem registrar, no fim dos anos 1970, que a psicanálise não tinha mantido suas promessas[23]. Resta que esse discurso bioético normalizador, apegando-se aos velhos ideais do século XIX – o mercado, o direito, a democracia[24] –, não apresenta nada que permita a cada um encontrar sua identidade; resta que há crise na ética e na erótica. À qual respondemos, como e com Foucault, anunciando uma nova erotologia, respondendo, então, a ele também, que *a psicanálise é uma erotologia*.

Pode-se ser mais preciso quanto a essa sequência Freud / Lacan / hoje e mostrar como Lacan encontra sua posição nesse hoje no lugar mesmo de Foucault. À metapsicologia de Freud se seguiu uma teoria lacaniana do sujeito, suficientemente diferente da metapsicologia para chegar a colocar em questão a própria noção de "realidade psíquica", sem a qual a metapsicologia não tem nenhum sentido. Mas, vista com Foucault, essa teoria do sujeito tem ainda um pé no que a metapsicologia tinha como base, isto é, a suposição de que existiria um ser a-histórico, sempre por algum viés transcendental, cujas determinações valeriam, como Charcot dizia de sua versão da histeria, "em todos os tempos e em todos os lugares"; e pouco importa que se chame essa entidade de ser falante [*parl'être*], desejo, sujeito, grande Outro, estrutura, etc. Em outras palavras, nosso prolongamento de Lacan com Foucault

23 É, pelo menos, a opinião de J. Rajchman, ob. cit., p. 184.

24 Ibid., p. 189.

consistirá, no caso, em sustentar que não há, em Lacan, teoria do sujeito (de fato, é o caso!). Essa constatação que podemos fazer equivale a dar todo o seu alcance ao que Foucault elogiava em Lacan, isto é, ter, com Bataille, Blanchot, Klossowski e alguns outros, posto fim à supremacia de um certo sujeito cartesiano que permanecia dominante inclusive até Sartre[25].

Diferir de si mesmo

Deleuze dizia de Foucault que ele foi o filósofo contemporâneo a ter mais completamente se desenraizado das preocupações do último século[26]. Ora, vemos esse mesmo desenraizamento se operar, via Lacan, a partir de Freud. Vemos também, com Lacan, como esse desenraizamento parece ficar a meio-caminho.

No entanto, com Lacan, há ainda outra coisa, um traço estilístico no qual se verifica que não se pode ser mais foucaultiano do que ele. Lacan não é uma tese, não é um "sistema de pensamento", é um trilhamento, é um movimento, é um percurso. Assim, quando ele solta como uma velha pele a intersubjetividade ou a palavra plena, ou o desejo definido hegelianamente como desejo do Outro, ou o estatuto paradigmático de RSI, nós o vemos se afastar dele mesmo, pensar contra ele mesmo, e com um certo Freud, aquele da resistência à norma. No entanto, ao fazer isso, ele contribuía rapidamente para estabelecer a norma, uma nova norma, gostasse ele ou não. Essa resistência é, então, uma resistência também ao que, de si, cedeu à norma, ou concede ainda demais à norma, sem que assim essa concessão corresponda a uma efetiva necessidade. Foucault:

> **Certamente não valeria a pena fazer livros se eles não ensinassem a seu autor algo que ele não soubesse antes, se não conduzissem a lugares imprevistos, se não engajassem numa relação estranha e nova consigo mesmo[27].**

Ora, essa observação – autobiográfica – se aplica perfeitamente a Lacan, tanto a seus seminários quanto a seus artigos. Assim como se aplica não

25 M. Foucault, *Dits et écrits*, T. III, pp. 589-590, T. IV, p. 52.

26 Citado por Rajchman, ob. cit., p. 134.

27 M. Foucault, citado por J. Rajchman, ob. cit., p. 14.

menos perfeitamente a fórmula deleuziana sobre Foucault que já citei como exergo de um artigo sinótico sobre Lacan[28]:

A lógica de um pensamento é o conjunto das crises que ele atravessa.

Portanto, não há nada de muito estranho, se Lacan (como Foucault) é essencialmente um caminho, que possamos prolongar (e não "seguir", como se diz entre os lacanianos) Lacan indo mais longe do que ele no destacamento da psicanálise em relação ao biopoder.

DO SEXO COMO LUGAR DO DESPRENDIMENTO DE SI

Como? Observando que esse desenraizamento está em jogo, ainda hoje, com relação ao sexo. Assim fazendo, estamos no mesmo plano do último ato de Foucault, que consistiu em introduzir uma nova erotologia. Aqui, ainda, da maneira mais manifesta, Foucault e Lacan convergem, ambos fazendo parte da mesma "comunidade crítica", como Foucault a chamava.

Certo, a psicanálise não deixou de recair nessa degenerescência que tinha fornecido às sociedades do século XIX um belo argumento erótico em favor do racismo e do nacionalismo. Por exemplo, pondo-se a definir uma norma sexual. Dizer que a psicanálise é uma erotologia, em que ela é, em que ela não é, para cada um, a boa é muito exatamente resistir a essa normalização, a esse "arcaísmo erótico"[29] que Foucault (certamente mais livre que Lacan a esse respeito) identificava em Freud.

Com efeito, talvez Lacan, nesse ponto, se juntasse a Foucault. Essa seria nossa tarefa. Talvez Lacan, psicanalista, não tenha sido tão livre em seus movimentos quanto Foucault, professor no Collège de France, mesmo que Foucault tivesse que ir a São Francisco ou Nova York para o que também é uma tarefa do psicanalista, isto é, uma certa liberação da sexualidade. Uma prova disso nos seria dada pela gestão da herança intelectual. Enquanto se publica Foucault em ótimas condições críticas, enquanto era publicado, no

28 J. Allouch, "Point de vue lacanien en psychanalyse", *Encyclopédie Médico-Chirurgicale*, Psychiatrie, Paris, 1995.

29 Ibid., p. 139.

ano passado, o primeiro tomo de um curso certamente tão importante para a psicanálise quanto os seminários de Lacan, a publicação de Lacan está na miséria. Não é o sinal de uma maior liberdade de Foucault com relação à família? Parece-me difícil duvidar disso. Mas é também o sinal de que Foucault estava mais no mesmo plano com a família de hoje, eminentemente variada e variável (famílias matricentradas, famílias plurifocais, famílias monoparentais, famílias homossexuais, etc), tendo Lacan acabado por ficar petrificado num negócio dos mais tradicionais de transmissão epiclera.

A psicanálise será foucaultiana ou não será mais psicanálise quer dizer então, em primeiro lugar, que temos o encargo de fazer Lacan encontrar Foucault. Ora, algo como um ponto de encontro lhes é fixado antecipadamente, uma espécie de caroço de eros que se chama si.

O si é um não-conhecido que não tem boa fama. Rajchman escreve[30]:

> **Uma longa história transformou a antiga solicitude pelo si em coisa de vaidade, de orgulho, de interesse pessoal ou de autoadulação – o contrário das relações desinteressadas ou caridosas a serem mantidas com outrem –, até mesmo em obstáculo pessoal à realização de um bem público ou coletivo racional. A tradição cristã ensinou que a renúncia representava a via da saúde. Uma tradição plurissecular se esforçou para fundar a moralidade no direito público, exterior ao si. E, para terminar, a partir da descoberta científica de uma Natureza ao mesmo tempo estranha e amoral, a tradição filosófica que vai "de Descartes a Husserl" se empenhou em deslocar o cuidado de si filosófico para o sujeito conhecedor[31].**

O que teve, acrescenta não menos justamente Rajchman, dois resultados concomitantes: uma moralidade de ascetismo e um deslocamento:

> **O imperativo "conhecer a si mesmo" eclipsou e substituiu a tarefa que consistia outrora em ter cuidado, a cuidar de si.**

Recusar absolutamente um tal deslocamento é um dos traços maiores em que Foucault e Lacan convergiam.

---

30 É preciso aqui consultar o seminário de Foucault na universidade de Vermont, em outubro de 1982: "Technologies of the self", trad. F. Durant Bogaert, em M. Foucault, *Dits et écrits*, T. IV, ob. cit., pp. 783-813.

31 J. Rajchman, ob. cit., pp. 15-16.

Não é simples determinar se tal ato corresponde, ou, ao contrário, vai de encontro, naquele que nele se engaja, ao cuidado de si. É ainda menos simples porque isso é julgado, fundamentalmente, *après-coup*. Quando, no ato II de *La traviata*, Violeta cede à *père-version* de Germont, quando ela sacrifica seu amor por Alfredo, tem ela ou não cuidado de si? Respondo que não, essencialmente porque, ao agir assim, ela deixa o lugar para a "moça pura" em referência à qual ela se sacrifica. Mas é também manifestar que ela se negligencia como impura – o que, no caso, quer dizer como sexuada. Ou, mais exatamente, que ela torna sua impureza de cortesã inesquecível. É nisso que ela não toma cuidado de si enquanto assegura, eternamente, sua reputação.

Tomado em sua generalidade, seu problema conflui com o problema do si a partir da Grécia arcaica: ter cuidado de si começa a seriamente criar dificuldade quando se trata de abordar o sexo. É aí, em relação ao sexo, que se localiza preferencialmente uma evitação bem específica do si que o mestre antigo inventou. Seu cuidado de si exigia dele que permanecesse mestre inclusive na sexualidade. Mas, como o sexo, a menos que seja de uma esmagadora tristeza, é um transporte no qual se esquece a si mesmo, como ele é algo que só se obtém sendo escravo de algo que seria inquietante dizer que se trata de um si, de um outrem ou de uma coisa, como ele põe em questão a *eleutheria* (o cuidado de liberdade)[32], eis o mestre aporrinhado. Ele então encontra um truque, o truque sexual por excelência, que dominará toda a Antiguidade grega e romana e com o qual ainda lidamos hoje, sem saber identificá-lo, tanto é verdade que conceitos como o de homossexualidade ou de sodomia semeiam a confusão. O mestre "decide" que uma parte de seu corpo ficará ao abrigo do sexo, que ele guardará, em todo caso sobre essa zona erógena, seu domínio – pronto a pagar o preço de excluí-la do sexual. O mestre, em outras palavras, não será em caso nenhum um *katapugon* (diz-se também *kinaidos*), um "enrabado". Isso é dizer que, assim como o ser da desviada continua a ser sua sexualidade impura, é como *katapugon* que o mestre antigo se situava – no que sua posição participava da histeria (Sócrates, dizia Lacan, o mais célebre dos histéricos).

Mas, no que se refere ao si, o encontro entre Foucault e Lacan não se prende ao primado do "cuidado de si" sobre "Conhece-te a ti mesmo". Ambos tinham apreendido que, por não poder dizer de imediato o que é si, por

---

32 Ibid., pp. 147-149.

não poder cernir esse si, era preciso procurá-lo – se ele fosse um pouquinho cernível –, tomá-lo no fio de um certo percurso, graças a um certo estilo, ou, ainda, pelo viés de certos dispositivos – consistindo toda a dificuldade em defini-los de uma maneira tal que seja "conveniente" a si, ao passo que se ignora o que é si.

Em outras palavras, ter cuidado de si é algo que não vai por si! O último curso de Foucault tratava desse ponto. Sócrates, diz ele, inventa um novo jogo da *parrésia* no qual cada um é convidado a conhecer a si mesmo; em outras palavras, a dar conta publicamente de si mesmo em uma livre palavra de verdade concernente a si. É uma erotologia. E Sócrates propõe ainda um dispositivo que é referente a si: na ignorância de si, nos dirigiremos a um mestre que, ele, satisfez a exigência socrática fundamental: "Uma vida que escapa ao exame não é digna de ser vivida"[33].

Foucault levantava a questão do custo desse falar verdadeiro[34]. Se, como diz ainda Rajchman, Foucault introduz a *parrésia* no eros[35] (e não mais apenas, como Sócrates, no *bios* de cada um), empurrando assim a bio-logia socrática para aquilo em que ela empregava todos os seus esforços para não cair, isto é, uma erotologia que não negligensiasse os corpos, seus prazeres, seus gozos, suas satisfações, a resposta não seria exatamente o objeto *a* de Lacan? Mas os estudos foucaultianos de um lado, lacanianos do outro, permanecem a tal ponto separados, como no isolamento obsessivo, que, a meu conhecimento pelo menos, ninguém ainda levantou a questão.

Daí que, dessa vez, sobre a própria questão do objeto sexual, Lacan teria precedido Foucault e não o inverso; parece que, colocados juntos, os dois poderiam se potencializar mutuamente, produzindo, no nosso nível, um efeito imprevisto não contido, potencialmente, num ou no outro. Um efeito... explosivo? Que se remeta, para verificar que essa inferência não é puramente abstrata, aos trabalhos de L. Bersani (cf. Bibliografia).

O que fica sendo então o *take care*, o "ter cuidado de si" a partir do momento em que não se o rebate num problema sanitário, de higiene, ou, o que dá no mesmo, de polícia (a polícia, hoje, no Ocidente, vai muito mais longe

33 Ibid., pp. 165-168.

34 Ibid., p. 164.

35 Ibid., p. 178.

do que a instituição que tem esse nome, comporta particularmente toda uma medicina)? Se vocês se interrogarem sobre esse *take care*, poderão observar que não há distância entre a prática analítica de Lacan e a prática filosófica do último Foucault, que querem manter uma distância e uma resistência crítica diante da sexualidade enquanto é governada (referida a *A angústia*, nós a diríamos uma sexualidade masturbatória, tendo seu lugar na fantasia, distinta, portanto, de uma sexualidade que vai até a satisfação e é marcada pela angústia). Essa sexualidade resistência, essa sexualidade desprendimento, essa sexualidade da angústia está atenta não apenas à verdade de eros, mas ao eros da verdade, exercendo uma curiosidade bem específica,

> **não aquela que busca assimilar o que convém conhecer, mas a que permite se desprender de si mesmo[36].**

Conclusão

Eis então que, como conclusão, dou a vocês a fórmula na qual só podemos desembocar: ter cuidado de si é se desprender de si mesmo ali onde eros fixa, para esse si mesmo, um certo encontro cujo nome bem poderia ser: fantasia. Deve-se precisar que esse cuidado de si pode perfeitamente ser um modo de tratamento do outro?

Rajchman conclui sua obra indicando que Foucault e Lacan introduzem uma nova erótica ali mesmo onde vacila, para cada um, a questão de sua identidade:

> **[..] como se sentir "em si" num mundo em que nossa identidade não nos é dada, no qual nosso "ser junto" cria problema, no qual nosso destino se verifica contingente ou incerto – nesse mundo violento no qual é preciso que nos constituamos a nós mesmos?[37].**

O autor dessas linhas não deixa de entrever que sua pergunta contém sua própria resposta, já que escreve, algumas linhas adiante, que

---

36 M. Foucault, *L'usage des plaisirs*, Paris, Gallimard, 1984, p. 14.

37 J. Rajchman, ob. cit., p. 185.

a questão de uma "nova erótica" diz respeito à possibilidade de viver sem supor a identidade e aos contextos nos quais a identidade se torna objeto de análise.

Diremos: viver sem supor a identidade... sexual? Se, como eu disse, a erotologia analítica é uma erotologia de passagem, uma erotologia meio, ela seria a erotologia que levaria o sujeito até o limiar dessa possibilidade pela qual a erótica antes lhe daria sua identidade sexuada do que sua identidade sexuada lhe daria um acesso à erótica.

Assim, nos parece que chegou o momento de dar mais uma volta na erotologia analítica. Não se tratará tanto de dizer o verdadeiro sobre eros (o que, no caso, pode se produzir, mas nunca quando a coisa é visada, o que é precisamente a psicanálise que Foucault combate) mas do caráter erótico do dizer verdadeiro. Não se tratará tanto de como falar verdadeiro de sua vida erótica, mas de como eros joga essa carta do falar verdadeiro para fins que pouco têm a ver com a verdade, que são, por exemplo, de sedução, ou de governo de outrem. Não se tratará, na transferência, do amor verdadeiro ou não (uma falsa questão), também não mais do amor como tornando possível desmascarar o desejo, mas do que pode ter de erótico ele mesmo se desmascarar.

BIBLIOGRAFIA

Jean Allouch, "Un sexe ou l'autre", *Littoral*, nº 23/24, oct., 1987.

George Bataille, *L'érotisme*, Paris, éd de Minuit, 1957.

– Coll., *Hommage à Georges Bataille*, Revue *Critique*, 1963.

Antoine de Baecque, *Le corps de l'histoire*, Paris, Calmann-Lévy, 1993.

Léo Bersani, "Is the rectum a grave" in *AIDS: Cultural Analysis, Cultural Activism*, Cambridge, Massachusetts, MIT Press (October Books), 1988.

David Biale, *Eros juif*, trad. do inglês por I. Rozenbaumas (publicado em 1992), Actes sud, 1997.

John Boswell, *Les unions du même sexe dans l'Europe antique et médiévale*, trad. do inglês por O. Demange (publicado em 1994), Paris, Fayard, 1996.

Nathalie Boymel Kampen, *Sexuality in Ancient Art*, Cambridge University Press, 1996.

Peter Brown, *Le renoncement à la chair*, trad. do inglês por P.-E. Dauzat & C. Jacob (publicado em 1988), Paris, Gallimard, 1996.

Frank Browning, *La culture du désir*, trad. do inglês por S. Peltier, V. Leclercq e S. Lechevalier (publicado em 1993), Montpellier, DLM, 1997.

Félix Buffière, *Eros adolescent, la pédérastie dans la Grèce antique*, Paris, Les Belles Lettres, 1980.

Claude Calame, *L'Eros dans la Grèce antique*, Paris, Belin, 1996.

Eva Cantarella, *Selon la nature, l'usage et la loi*, trad. do italiano por

M.-D. Porcheron, Paris, La Découverte, 1991 (publicado em 1988).

Coll. (David M. Halperin, John J. Winkler, Froma I. Zeitlin), *Before sexuality. The construction of Erotic Experience in the Ancient Greek World*, Princeton University Press, 1990.

Marcel Détienne, *Les maîtres de vérité dans la Grèce archaïque*, Paris, Agora, 1974 (1ª ed. 1967).

K. J. Dover, *Homosexualité grecque*, trad. do inglês por S. Sa"id (publicado em 1978), Paris, La pensée sauvage, 1982.

Sandor Ferenczi, *Thalassa, essai sur la théorie de la génitalité*, trad. do alemão por J. Dupont & M. Viliker (1ª ed. 1924), in *Œuvres complètes* III, Paris, Payot, 1974.

Michel Foucault, *Histoire de la sexualité, La volonté de savoir*, Paris, Gallimard, 1976.

– *Histoire de la sexualité, L'usage des plaisirs*, Paris, Gallimard, 1984.

– *Histoire de la sexualité, Le souci de soi*, Paris, Gallimard, 1984.

– *Dits et écrits*, T I, II, III, IV, Paris, Gallimard, 1994.

Sigmund Freud, *Trois essais sur la théorie du sexuel*, trad. do alemão por Transa (publicado em 1905), Paris, nov. 1986.

Eva C. Keuls, *The Reign of the Phallus. Sexual Politics in Ancient Greece*, New York, Harper & Row, 1985.

Pierre Klossowski, *Les lois de l'hospitalité*, Paris, Gallimard, 1965.

Jacques Lacan, *L'angoisse*, Inédito (1963).

Thomas Laqueur, *La fabrique du sexe*, trad. do inglês por M. Gautier (publicado em 1990), Paris, Gallimard, 1992.

G.E.R. Lloyd, *Science, Folklore and Ideology: Studies in the Life Sciences in Ancient Greece*, Cambridge, 1983.

James Miller, *La passion Foucault*, trad. do inglês por H. Leroy (publicado em 1993), Paris, Plon, 1995.

Jean-Claude Milner, *Le triple du plaisir*, Paris, Verdier, 1997.

Pascal Quignard, *L'être du balbutiement*, Paris, Mercure de France, 1969.

– *Le sexe et l'effroi*, Paris, Gallimard, 1994.

John Rajchman, *Erotique de la vérité – Foucault, Lacan et la question de l'éthique*, trad. do inglês por O. Bonis, Paris (publicado em 1988), Paris, PUF, 1991.

Wilhem Reich, *La fonction de l'orgasme*, Paris, L'arche, 1952 (2ª ed. ingl. 1947).

Amy Richlin, *The Garden of Priapus: Sexuality and Aggression in Roman Humor*, New Haven, 1983.

Jean-Noël, Robert, *Eros romain*, Paris, Les Belles Lettres, 1997.

Alain Schnapp, *Le chasseur et la cité, Chasse et érotique dans la Grèce ancienne*, Paris, Albin-Michel, 1997.

Bernard Sergent, *Homosexualité et initiation chez les peuples indo-européens*, Paris, Payot, 1996 (1ª versão 1984).

Robert Stoller, *Recherches sur l'identité sexuelle*, trad. do inglês por M. Novodorsqui, (publicado em 1968), Paris, Gallimard, 1978.

Jean Verdon, *Le plaisir au Moyen Âge*, Paris, Perrin, 1996.

Paul Veyne, *L'élégie érotique romaine*, Paris, Seuil, 1983.

John Winkler, *The constraints of Desire: The Anthropology of Sex and Gender in Ancient Greece*, New York, 1989.

ÍNDICE REMISSIVO

A

B

F

G

Companhia de Freud

Esta obra foi produzida nas
oficinas da Imos Gráfica e Editora na
cidade do Rio de Janeiro